Hermann Kirchhoff • Die österlichen Tage

Hermann Kirchhoff

Die österlichen Tage

Theologie, Liturgie und Brauchtum

Verlag Sankt Michaelsbund

Eduard und Elisabeth Wittmann
in großer Dankbarkeit zugeeignet

ISBN 3-920821-23-8
Erste Auflage 2002
© 2002 by Verlag Sankt Michaelsbund, München
Printed in Germany. Alle Rechte vorbehalten.
Umschlagbild: Die Feier der Osternacht in der Kirche von Pfreimd/Opf.
(Aufnahme: Josef Pröls)
Satz und Layout: Rudolf Kiendl
Druck: Mediengruppe Universal, München

Inhalt

VORWORT

Die "österlichen Tage" vom Gründonnerstag bis zur Osternacht sind der Höhepunkt des Kirchenjahres. Sie haben im Glaubensleben unserer Gemeinden jedoch nicht die Bedeutung, die ihnen zukommt. Die Theologie dieser Tage ist nur in Grenzen verstanden worden – die theologischen Tiefenschichten sind den Gemeinden weithin verborgen geblieben. Das mag gewiss daran liegen, dass die Mysterien von Tod und Auferstehung Jesu schwer zu verstehen sind. Sicher aber hat es auch Mängel in der Verkündigung dieser Heilsgeheimnisse gegeben. Und nicht zuletzt hat das Fest zwar ein vielfältiges Brauchtum hervorgebracht, das z.T. auch wieder auf das Fest zurückverwies; dieses Brauchtum hat jedoch nicht die Kraft gehabt, die Tiefenschichten zu interpretieren, "anschaulich" und – in den gesetzten Grenzen – "begreifbar" zu machen, was auch einer zu oberflächlichen Auslegung des Brauchtums zuzuschreiben ist. Dazu kommt die zunehmende Unfähigkeit des heutigen Menschen, noch Symbole zu erfahren, da die Meditationskraft gemindert ist. Auch dadurch verliert das Brauchtum, das entscheidend vom Symbol lebt, oft die Möglichkeit, die theologischen Tiefenschichten solcher Feste (wieder) deutlich zu machen.

Das vorliegende Buch versucht, die Theologie der österlichen Tage so darzustellen, dass auch Nichttheologen, besonders Laien in den

Gemeinden, sie verstehen und sich aneignen können. Nicht zuletzt soll Predigern und Katecheten geholfen werden, die Theologie dieser Tage in Predigt, Religionsunterricht und Katechese anschaulich umzusetzen.

Dem Brauchtum aber soll wieder der Platz zugewiesen werden, der ihm in Liturgie und Unterweisung, im Leben des einzelnen und der Gemeinden zukommt.[1] Das Brauchtum ist und bleibt die "Liturgie des Volksglaubens" und hat damit eine wichtige Funktion in der Seelsorge. Es will einer "verkopften Theologie wieder mehr Blut zuführen, den Emotionen wieder ihren Platz im Glaubensleben zurückgeben."[2] So will das Brauchtum gerade bei unserem Thema eine "Verleiblichung des Glaubens", die so dringend notwendig ist, will, dass die österliche Botschaft wenigstens in Grenzen wieder "begriffen" wird. Denn "Bräuche führen vom Kopf zum Herzen und umfassen den ganzen Menschen: Verstand, Gefühl und im Vollzug auch die Handlungsdimensionen". Sie sind "Brücken zur christlichen Sinnfindung" (W. Fährmann).

Dass dabei zwischen einem theologisch relevanten und einem "folkloristischen" Brauchtum zu unterscheiden ist, dürfte sich von selbst verstehen. Auch die Gefahr des magischen Missbrauchs beim Brauchtum ist zu beachten. Dennoch muss einem reflektierten Brauchtum der ihm gebührende Platz in den Familien und in der Gemeindearbeit (zurück-)gegeben werden.

Ich hoffe inständig, dass dieses Buch ein wenig dazu beitragen kann.

DER
GRÜNDONNERSTAG

DIE THEOLOGIE DES MAHLES

Es ist umstritten, woher der Name für den Grün-Donnerstag stammt. Wahrscheinlich ist der spätestens im 12. Jahrhundert nachzuweisende Name auf das mittelhochdeutsche Wort gronan zurückzuführen, das heute noch in Worten wie greinen oder grienen lebendig ist. Das Wort könnte so an die Wiederaufnahme der öffentlichen Büßer, die während der österlichen Bußzeit aus der Gemeinde ausgeschlossen waren, an diesem Tage erinnern. Auch die alte Bezeichnung "Antlasstag" (von mhd. antlaz = Ablass, Entlassung, Lossprechung) verweist auf diese Wiederaufnahme.

Der Tag ist aber primär dem Gedächtnis der Einsetzung der Eucharistie gewidmet, dem Gedächtnis also des Abschiedsmahles Jesu mit seinen Jüngern. Alles an diesem Tage ist auf dieses Gedächtnis ausgerichtet.

Im Rahmen dieses Buches können nicht die exegetische Fragen des Einsetzungsberichtes, also der "Stiftungserzählung" der Eucharistie, besprochen werden. Hier muss auf die Fachliteratur verwiesen werden. Wir können auf solche Fragen nur eingehen, so weit sie zum Verständnis der Eucharistie und des Gründonnerstagsmahles notwendig sind.

Das Verständnis dieses entscheidenden Mahles setzt jedoch ein Hintergrundwissen voraus.

DAS MAHL DER MENSCHEN

So lange es Menschen gibt, ist das Essen nicht nur Befriedung des Hungers gewesen. Die "Nahrungsaufnahme" war "gesättigt" von der Erfahrung des den Göttern (dem Numinosum) verdankten

Lebensgrundes. Die Nahrung, welche die Erde schenkte, war ebenso "tabu" und daher zum Genuss verboten, wie die erste Beute der Jagd und wie vor allem die Erstlinge der Herden es waren. Durch ein festliches Mahl zu Ehren der Götter, bei dem die Götter als Gäste begrüßt wurden, wurden die Speisen "enttabuisiert", zum Genuss der Menschen freigegeben.

Die späteren Hochreligionen haben umgekehrt gehandelt: Sie haben jedes gemeinsame Mahl in die Sphäre des Heiligen einbezogen. Durch die Huldigung an die Gottheit, durch das Gebet vor und nach der Mahlzeit geschah das Mahl im Angesicht und in der Gegenwart Gottes: "Komm, Herr Jesus, sei unser Gast ..." oder: "Aller Augen warten auf dich, o Herr; Du gibst ihnen Speise zur rechten Zeit ..." beten wir Christen bis heute.

Auch die menschliche Kultur verlangte das gemeinsame Mahl. Zum Menschen, der seine Welt gestalten kann, der Verantwortung gegenüber andern Menschen hat, gehört nicht einfach die Sättigung, sondern als Elementarbedürfnis das Mahl. Es ist ein schlimmes Zeichen verfallender Kultur, wenn das Mahl im Leben der Menschen kaum noch eine Rolle spielt. Anzeichen dafür gibt es heute vielfach. Häufig isst man allein, "schlingt sein Essen herunter", sättigt sich an einer Imbissbude ... Andererseits suchen gerade die jungen Menschen wieder die Geselligkeit, "gehen festlich aus", wobei sie tanzen und eben auch wieder gemeinsam speisen. Man nimmt sich viel Zeit, in einem Restaurant "gepflegt" zu essen. Beliebt sind die vielen Feste in größeren und kleineren Gemeinden, auf denen man stundenlang beieinander sitzt, seine Semmel mit Würstchen oder Schnitzel isst und sein Eis verzehrt. Die Sehnsucht nach dem gemeinsamen Mahl setzt sich wohl immer wieder durch.

Und Gott sei Dank bleibt auch heute das festliche Essen, das Mahl, bei besonderen Anlässen erhalten: bei Hochzeiten, Geburtstagen, Sterbefällen ebenso wie bei Festen, Feiertagen und oft auch noch an den Sonntagen. Es bleibt das feierliche Mahl aus Anlass diplomatischer Verhandlungen, von Staatsbesuchen, Friedensschlüssen. Diese festlichen Mähler sind die Korrekturen unseres Alltags. Das Mahl kann deshalb – was für das Verständnis des eucharistischen Mahles eminent wichtig ist – seinen Bild- und Symbolcharakter noch entfalten, wenn auch eine stärkere Hinführung als in früheren Zeiten notwendig wird.

Ein Mahl setzt neben dem Blick auf die Gottheit die Gemeinschaft der Menschen voraus und fördert Gemeinschaft. Das ist eine Erfahrung, die Urvölker so gemacht haben wie alle Völker späterer Zeit. Nicht zuletzt das gemeinsame Mahl hilft dem Menschen, Mensch zu sein und zu bleiben.

DAS MAHL IM ALTEN TESTAMENT

1 Mos 26, 26 - 31

Zu Isaak, dem Sohn Abrahams, kommt Abimelech, der König von Gerar. Er will mit Isaak einen Friedensbund schließen, da er eingesehen hat, dass "der Herr" mit Isaak ist, dass dieser ein "Gesegneter Gottes" ist. Sie halten miteinander ein feierliches Mahl; dann stehen sie in der Frühe auf und "leisten einander den (Friedens-) Eid". Hier ist das Mahl das Symbol des Friedens miteinander, der bleibenden friedlichen Gemeinschaft.

1 Mos 31, 54

Nach der Einigung zwischen Jakob und Laban, welche den Frieden zwischen ihnen sichern soll, lädt Jakob die Verwandten (von seiner und Labans Seite) ein, um mit ihnen ein Mahl zu halten. Es ist die Besiegelung der neuen Eintracht.

2 Mos 18, 12

Nach der Befreiung aus Ägypten und nach dem Bestehen der Gefahren des Wüstenzuges geht der Schwiegervater des Mose, Jitro, der Priester von Midian, zu Mose, der ihm entgegeneilt. Nachdem Mose seinem Schwiegervater alles berichtet hat, was geschehen ist, holt Jitro Tiere zum Brand- und Schlachtopfer zu Ehren Gottes. Dann kommen Aaron und die Ältesten dazu, um "vor dem Angesicht Gottes ein Mahl zu halten".

In diesen Schriftstellen ist das Mahl als Friedensmahl und als Zeichen der Gemeinschaft der Glaubenden, die sich Gott verantwortlich weiß, verstanden. Gott ist beim Frieden der angerufene Eideszeuge, "er wird als Gastgeber und Tischgenosse angerufen, und seine Gegenwart begründet zugleich die rettende Gemeinschaft mit ihm und die heilsame unter den Menschen" (H. Kahlefeld). Ja, diese Mähler sind mehr: sie sind eine sehr alte Form des Opfers, die man "Gemeinschaftsopfer" genannt hat. Das wird vor allem 5 Mos 12, 6-8 deutlich: "Dorthin (an die eine Kultstätte für Israel) sollt ihr eure Brandopfertiere und Schlachtopfertiere bringen … was ihr dem Herrn gelobt habt und was ihr freiwillig gebt, und die Erstlinge eurer Schafe, Rinder und Ziegen. Dort sollt ihr vor dem Herrn, eurem Gott, das Mahl halten. Ihr sollt fröhlich sein, ihr und eure Familien, aus Freude über alles, was eure Hände geschaffen haben, weil der Herr, dein Gott, dich gesegnet hat."

2 Mos 24, 1 - 11

Diese Schriftstelle ist in unserm Zusammenhang wichtiger als die bisher genannten im AT: "Zu Mose sprach er: Steig zum Herrn hinauf zusammen mit Aaron, Nadab, Abihu und mit 70 von den Ältesten Israels; werft euch in einiger Entfernung nieder! Mose allein soll sich dem Herrn nähern, die andern dürfen nicht näherkommen, und das Volk darf den Berg nicht zusammen mit ihm besteigen.

Mose kam und übermittelte dem Volk alle Rechtsvorschriften des Herrn. Das ganze Volk antwortete einstimmig und sagte: Alles, was der Herr gesagt hat, wollen wir tun. Mose schrieb alle Worte des Herrn auf. Am nächsten Morgen stand er zeitig auf und errichtete am Fuß des Berges einen Altar und 12 Steinmale für die 12 Stämme Israels. Er schickte die jungen Männer Israels aus. Sie brachten Brandopfer dar und schlachteten junge Stiere als Heilsopfer für den Herrn. Mose nahm die Hälfte des Blutes und goss es in eine Schüssel, mit der andern Hälfte besprengte er den Altar. Darauf nahm er die Urkunde des Bundes und verlas sie dem Volk. Sie antworteten: Alles, was der Herr gesagt hat, wollen wir tun, wir wollen gehorchen. Da nahm Mose das Blut, besprengte damit das Volk und sagte: Das ist das Blut des Bundes, den der Herr aufgrund all dieser Worte mit euch geschlossen hat. Danach stiegen Mose, Aaron, Nadab, Abihu und die 70 von den Ältesten Israels hinauf, und sie sahen den Gott Israels. Die Fläche unter seinen Füßen war wie mit Saphir ausgelegt und glänzte hell wie der Himmel selbst. Gott streckte seine Hand nicht aus gegen die Edlen der Israeliten; sie durften Gott sehen, und sie aßen und tranken."

Die Besiegelung des "ersten Bundes" ist also das Heilige vor Gottes Angesicht, in Gottes Gegenwart. Von hier aus wird auch die Zukunftsvision des Jesaja deutlich, die vom vollendeten Bund der Zukunft spricht: "Der Herr der Heere wird auf diesem Berg für alle Völker ein Festmahl geben mit den feinsten Speisen, ein Gelage mit erlesenen Weinen, mit den besten und feinsten Speisen, mit besten, erlesenen Weinen. Er zerreißt auf diesem Berg die Hülle, die alle Nationen verhüllt, und die Decke, die alle Völker bedeckt.

15

Er beseitigt den Tod für immer. Gott, der Herr, wischt die Tränen ab von jedem Gesicht." (25, 6 – 8)

Im Prophetenwort wird eine Komponente deutlich, die sich in der Mahltheologie vieler Völker findet [2]: Das Heilige Mahl hat einen Bezug zur Endzeit. Es soll die ewige Existenz des einzelnen und der Gemeinschaft sichern – in welcher Form das auch immer vorgestellt wird.

DAS MAHL IM JUDENTUM ZUR ZEIT JESU

Die Bedeutung des Mahles ist im Judentum zur Zeit Jesu verblasst. Aber sie leuchtet in einigen Mählern des Jahres noch auf. So im Mahl am Paschafest, bei dem in feierlichen Form mit Lob und Dank gegenüber Jahwe die im Tempel geschlachteten Lämmer verzehrt werden, wobei der Hausvater der Liturge ist. Hier wird das Lamm in froher Gemeinschaft der Familie und der Gäste verzehrt. Auch das Sabbatmahl hält die alte Mahltradition noch aufrecht, so wie es die Mahlzeiten bei den Hochzeiten, der Beschneidung, zum Totengedenken tun. Das Tischgebet gehört zum Mahl jedes orthodoxen Juden. Die Verpflichtung zum Tischgebet leiten die Gelehrten aus 5 Mos 8, 10 ab : "… wenn du dort isst und satt wirst, und den Herrn, deinen Gott, für das prächtige Land, das er dir gegeben hat, preist, dann nimm dich in acht und vergiss den Herrn, deinen Gott, nicht …" So sagten die Weisen: "Wer von dieser Welt ohne Lobspruch genießt, der begeht Raub am Eigentum des Schöpfers." Und andere: "Drei, die zusammen gegessen haben, sind verpflichtet, einander zum Tischdank aufzufordern." Auch im Judentum geschieht also das Mahl im Angesicht Gottes, er ist Gast bei den Heiligen Mahlzeiten.

DAS MAHL JESU MIT DEN JÜNGERN
UND SEINEN HÖRERN

Während seiner Wanderungen hat Jesus mit seinen Jüngern wohl meistens ein karges Mahl gehalten. Am Morgen gab es – wie bei allen Israeliten – Brot mit Wasser. Die Hauptmahlzeit wurde am Abend eingenommen. Man machte an einem Bach Rast, rührte mitgeführtes Gerstenmehl zu einem Teig, der zu Fladen ausgerollt und zum Backen über die noch heißen Steine gestülpt wurde (wo er bald garte). Dann sprach Jesus den Lobspruch, zerbrach das Brot und gab es den Jüngern. Wenn es möglich war, wurde zum Brot Fisch oder Gemüse gereicht.

Feierlicher war das Mahl am Sabbat. Nach hellenischer Sitte "lag" man zu Tisch auf Sitzpolstern. Zu essen gab es neben dem Brot Fisch, Fleisch, Eier und Gemüse. Auf jeden Fall gehörte zum Festmahl der Wein. Er war so wichtig, dass bis in unsere Zeit die Juden sammeln, um den Armen das Trinken des Sabbatweins zu ermöglichen. Der Lobspruch wurde über das Brot und über den Wein gesprochen.

Die festlichen Mähler Jesu mit den Seinen geschahen "vor Gottes Angesicht", in seiner Gegenwart. Sie waren stets auch Zeichen der innigen Gemeinschaft Jesu mit seinen Jüngern und der Jünger untereinander. Solch innige Gemeinschaft, die aus dem Mahl entsteht, wird besonders deutlich, wenn man Jesus vorwirft, dass er mit Zöllnern und Sündern isst: (Mk 2, 15 - 17), dass er also mit den (scheinbar) Verworfenen enge Gemeinschaft pflegt.

In den Berichten des Neuen Testamentes wird auch offenbar, dass Jesus die künftige, vollendete Herrschaft Gottes in seinem Reich unter dem Bild des Festmahles deutet. Er greift hier die Prophetie des Jesaja (25, 6 und 65, 13 f) auf. In Mt 8, 11 sagt er: "Viele werden kommen vom Aufgang und vom Niedergang der Sonne und mit Abraham, Isaak und Jakob zu Tische liegen in der Herrschaft Gottes." Und Mt 14,15 heißt es: "Selig, wer in der Herrschaft Gottes das Mahl halten wird!"

Die Brotwunder, die der Herr wirkt (Mk 6, 30 - 44 par und 8, 1 - 9 sowie Joh 6, 1 - 15), sind wie das Weinwunder bei der Hochzeit zu Kana primär große Bilder des Festmahles im vollendeten Reich des Vaters.

Von hier aus wird deutlich, dass Jesus mit den Seinen gern Mahl hielt. So konnte man ihm ja vorwerfen, ein "Fresser und Säufer" zu sein, da er mit seinen Jüngern nicht wie die Pharisäer und deren Jünger fastete.

DAS JÜDISCHE FESTMAHL

Die Handlungen Jesu beim Abschiedsmahl unterscheiden sich in wesentlichen Punkten von den übrigen Mahlzeiten mit seinen Jüngern. Weithin fügt sich dieses Mahl jedoch in den Rahmen eines jüdischen Festmahls ein, so dass wir dieses noch kurz betrachten müssen.

Wir können heute nicht mehr mit Bestimmtheit sagen, ob das Abschiedsmahl Jesu mit seinen Jüngern das Pascha-Essen im Todesjahr Jesu war, wie es die drei ersten Evangelien beschreiben, oder eine private Feier an dem Abend, der dem Lamm-Essen vorausgeht, so dass Jesus zu dem Zeitpunkt gestorben wäre, an dem im Tempel die Paschalämmer geschlachtet wurden (so der Evangelist Johannes). Für unsere Untersuchung ist die Frage aber nicht entscheidend. Der Ablauf eines festlichen jüdischen Mahles weist alle Merkmale auf, die das Abschiedsmahl Jesu erklären helfen.

Wir kennen im Ablauf des jüdischen Festmahls (wie in ähnlicher Weise bei allen antiken Festmählern) drei Abschnitte. Es sind:

1. Die Begrüßung der Gäste und der Genuss der Vorspeisen: Die Eingeladenen finden sich am späten Nachmittag ein, da das Festmahl am Abend stattfindet. Sie werden begrüßt; man reicht Wasser zum Abspülen der rechten Hand (mit der man viele Speisen isst). Die Vorspeisen sind frische Kräuter, eingelegter Fisch und junges Geflügel. Dazu wird Wein gereicht. Da die Tischgemeinschaft noch nicht hergestellt ist, spricht jeder einzelne den Lobspruch über den Wein selbst.

2. Der Hausherr führt seine Gäste nun in den Speisesaal, wo die Liegepolster zum Essen bereitstehen. Der Hausherr weist die Plätze an. Die Tischdiener mischen den dickflüssigen Wein mit Wasser und gießen den Mischwein in die Becher der Teilnehmer. Die erste Speisentafel wird aufgetragen. Über den Weinbecher spricht einer der Gäste den Lobspruch. Alle sagen : "Amen!", dürfen aber erst trinken, wenn der Akt des "Brotbrechens" geschehen ist. Dazu richtet sich der Vorsteher auf und erhebt die vor ihm liegende Brotflade eine Handbreit über den Tisch. Er sagt den Lobspruch: "Gepriesen bist du, Jahwe, unser Gott, König der Welt, der das Brot hervorbringt aus der Erde!" Alle sagen: "Amen!" Der Vorsteher zerbricht das Brot und gibt jedem Gast ein Stück davon. Danach gibt er das Zeichen zum Essen, indem er selbst isst. Bei den verschiedenen folgenden Gängen wird wenig Wein getrunken. Jeder einzelne spricht über den nachgefüllten Becher den Lobspruch.

3. Nach dem Sättigungsmahl gibt es eine Pause. Auf ein Zeichen des Vorstehers hin legt man sich erneut zu Tisch. Es folgt der größere Weingenuss, verbunden mit dem Tischgespräch. Der Vorsteher bittet einen der besonders vornehmen Gäste, den Tischdank zu sprechen: "Laßt uns preisen, dem gehört, was wir gegessen haben." Dann spricht der Hausvater, den Becher eine Hand-

breit anhebend, den Lobspruch über den Wein. Dieser Becher wird nach dem Zeugnis des Paulus 1 Kor 10, 16 bei den Christen der "Becher der Preisung" genannt. Er hat also eine größere Bedeutung im Ritual des Mahles. Dazu kommt, dass über den Becher mehrere Preisungen gesprochen werden. Aus zeitgenössischen Texten wissen wir, dass es in der Zeit vor dem Fall Jerusalems vier solcher Preisungen gab.

Die beiden rituellen Handlungen über Brot und Wein konnten wegen ihrer besonderen Bedeutung später aus dem Rahmen des Sättigungsmahles (wenn auch auf dessen Hintergrund) herausgelöst und zu eigenständigen Handlungen werden.

DAS ABSCHIEDSMAHL JESU

Ohne auf die vielfältige Problematik der Berichte in den Evangelien über das Abschiedsmahl einzugehen, können einige Aussagen mit Sicherheit gemacht werden, die für unser Anliegen wichtig sind:

Jesus feiert den Abschied von seinen Jüngern in der Form eines festlichen Mahles. Er will mit ihnen die Gemeinschaft vertiefen und endgültig festigen, die er zur Zeit seines öffentlichen Wirkens hatte. So wird ja auch am Beginn des Mahles ungewöhnlich breit ausgeführt, dass einer aus dieser Tischgemeinschaft ihn verrät und damit die Liebesgemeinschaft sprengen wird. Dieser Charakter des "Brudermahls" ist für Jesus so wichtig, dass er in jeder Zeit, durch alle Jahrhunderte hindurch, immer neu erworben werden muss. Die Eucharistie muss als Brudermahl und als Zeichen des Friedens mit allen Menschen verstanden werden.

Diese innige Mahlgemeinschaft wird zunächst aufhören durch Jesu Tod, der ihm klar vor Augen steht. Aber der Herr denkt über den Tod hinaus. Besonders plastisch ist das bei Mk 14, 25 ausgesagt (= Mt 26, 29): "Wahrlich, ich sage euch: ich werde nicht mehr von dem Gewächs des Weinstocks trinken bis zu jenem Tage, an dem ich es neu trinken werde im Reiche Gottes." So wird dieses Mahl in besonderer Weise Zeichen und Bild des ewigen Mahles, des Mahles der Vollendung.

Jesus sagt nach dem Austeilen des zerbrochenen Brotes: "Nehmt, das ist mein Leib!" Gemäß der semitischen Sprache müsste es genauer heißen : "Da – mein Leib!", wobei "Leib" bedeutet: "Ich selbst in leibhaftiger Wirklichkeit."

Danach gibt er ihnen den Becher mit Wein. Da deutlich gesagt wird: "Nach dem Essen…" ist also der "Becher der Preisung" gemeint. Er enthält das "Blut des neuen Bundes…", eines Bundes, der (wie der erste Bund am Sinai) in diesem Mahl beschlossen und besiegelt wird, der hier jedoch als endgültiger Bund deklariert wird.

Im Abschiedsmahl Jesu und seinen Jüngern schenkt er sich selbst in leibhafter Wirklichkeit; er schließt mit ihnen den neuen Bund, der im ewigen Reich des Vaters vollendet wird.

Die eucharistischen Handlungen Jesu – das muss deutlich betont werden – sind dabei nicht bloßes "Bild und Gleichnis", sondern ein "heilszusprechendes Zeichen" (H. Kahlefeld).

Auf die eucharistischen Handlungen folgt die Aufforderung: "Tut dies zu meinem Gedächtnis…!" Die Authentizität gerade dieses "Stiftungsbefehls" ist heftig umstritten worden. Sie geht – in welcher Form immer diese Aufforderung gegeben wurde – wohl eindeutig aus diesem Mahlbericht mit all seinen (auch religionsgeschichtlichen) Hintergründen hervor. Der Herr will die immer neue Feier dieses Mahles, das die Gläubigen zur Einheit mit ihm und untereinander zusammenführt; er will die stete Erneuerung der geistlichen Existenz, die in diesem Mahl geschenkt wird; er will vor allem die endzeitliche, eschatologische Ausrichtung des Lebens in der Kraft dieses Mahles.

Das Abschiedsmahl Jesu überbietet alle Heiligen Mähler in den Kulturen und Religionen der Menschheit. Es ist der Höhepunkt des Lebens Jesu mit seinen Jüngern. In unserer Verkündigung wird dabei jedoch zu wenig bedacht, wie nahe der Herr auch bei der Feier dieses Mahles den Juden, seinem Volk, ist. Er hat leidenschaftlich gewünscht, mit seinem Brudervolk in solcher Tischgemeinschaft vereint zu sein.

VOM ABSCHIEDSMAHL JESU ZUR „HEILIGEN MESSE"

Es war die große Frage der jungen Kirche, ob sie das, was Jesus in einmaliger Situation "im Angesicht des Todes" getan hatte, wiederholen durfte. Theologen haben eingewandt, ein "Sakramentsverständnis" der Eucharistie habe sich erst in den griechischen Missionsgemeinden entwickeln können. Wir dürfen jedoch mit Kahlefeld sagen: "Es ist völlig unwahrscheinlich, dass erst in den Paulusgemeinden eine Auffassung vom Abschiedsmahl sich durchgesetzt haben sollte, die Jesu eucharistische Handlungen in die Mitte des Geschehens stellte". [3] Dabei muss bedacht werden, dass wir in der Eucharistie nicht einfach wiederholen, was der Herr getan hat. Denn der Herr unserer Eucharistie ist ja zum Vater erhöht worden. Als der Erhöhte und mit der Fülle des Geistes Beschenkte ermöglicht er das Gedächtnis des Abschiedsmahles, in der das damals Geschehene unter uns heilige Gegenwart wird.

Die Höhen und Tiefen der Entwicklung der Eucharistie durch die Geschichte des Christentums hindurch können hier nicht aufgezeigt werden. Eines jedoch kann und muss gesagt werden: der Eucharistie, wie wir sie hier verstanden haben und die den Namen verdient, "lobpreisende Danksagung (an Gott)" zu sein, Gegenwärtigsetzung des Todes und der Herrlichkeit unseres Herrn, kommt der absolute Primat in unserer seelsorglichen Arbeit zu. Das sollte uns am Gründonnerstag in besonderer Weise bewusst werden.

Von hier aus sind wir gefordert, auch unsere Eucharistiefeiern das Jahr über zu überdenken.

Zunächst muss wieder deutlich werden, welche Rolle das Mahl, vor allem das Festmahl, im Leben des Menschen spielt. Bei der Vorbereitung von Taufen, Hochzeiten usw. sollte darauf besonders verwiesen werden.

Es ist auch zu hinterfragen, ob unsere Geistlichen nicht angesichts des Mangels an Priestern zu "Messpriestern" werden, die an den Wochenenden von einem Gottesdienst zu andern eilen, bis man ihnen anmerkt, dass viele Gottesdienste "abgeleistet" werden – was tödlich für alle Seelsorge wäre, tödlich in besonderer Weise auch für alles, was wir gerade über das "Mahl" gesagt haben. Hier ist mancher Verzicht auch von den Gläubigen zu verlangen, die u.a. auch größere Strecken zum Gottesdienst fahren müssten, was im Zeitalter des Autos keine zu große Zumutung ist.[4] Es muss auch überlegt werden, wie die Anzahl der Eucharistiefeiern verringert werden kann. Dazu sind um der Wichtigkeit der Eucharistie willen von der Kirche auch die Strukturen neu zu durchdenken, etwa was die Ordinierung der Frauen und die der "viri probati" angeht, verheirateter Männer, die sich in Theologie und Leben bewährt haben. Die letzteren hat jüngst der bekannte Altbischof von Innsbruck, Reinhold Stecher, wieder für den Priesterberuf vorgeschlagen.[5]

Abschiedsmahl Jesu und Fußwaschung aus dem Perikopenbuch Heinrichs II. (Kloster Reichenau 1002-1014)

Der Mahlcharakter der Eucharistie sollte wieder stärker zum Bewusstsein kommen. Er ist ja wegen der Gestalt der heutigen Eucharistiefeier nur noch wenig im Bewusstsein unserer Gläubigen. Weil die "Lobsprüche" über Brot und Wein einen so hohen Wert in den Gemeinden hatten, konnten sie (s. o.) aus dem Rahmen der Mahlhandlung herausgelöst werden, was zur Verstümmelung der Mahlgestalt führte, die wir bis heute beklagen.

Darum sollte vor allem bei Eucharistiefeiern mit kleinen Gruppen während des Jahres die Struktur des Abschiedsmahles Jesu mit den Jüngern deutlich werden. Am Fest der Eucharistie, also am Gründonnerstag, sollte der Mahlcharakter nicht zuletzt dadurch sichtbarer sein, dass unter beiderlei Gestalten kommuniziert wird. Leider ist das in Gotteshäusern, die nur einen Mittelgang und keine Seitengänge haben, oft schwer möglich. Dabei sollte das Heilige Brot gegessen werden und der Gläubige sollte aus dem Weinkelch (Weinbecher) trinken. Das Eintauchen der Hostie in den Kelch hat zu wenig Bildkraft auf das Festmahl, vor allem das Abschiedsmahl Jesu, hin. Dass wir in den Eucharistiefeiern "Brothostien" statt Oblaten gebrauchen, sollte eigentlich selbstverständlich sein.

LITURGIE UND BRAUCHTUM

Der Gründonnerstag hat nur wenig genuines Brauchtum entwickelt [6], wohl weil die Gemeinden erkannt haben, dass es an diesem Tage entscheidend auf die Eucharistiefeier ankommt, die besonders feierlich gestaltet werden sollte.

Ein wichtiger Brauch des Gründonnerstags ist die **Fußwaschung**. Sie geht zurück auf Joh 13,1-15, wo davon berichtet wird, dass

Jesus beim Abschiedsmahl seinen Jüngern die Füße wusch. Vom 4. Jahrhundert an gehörte die Fußwaschung zur Taufliturgie, verschwand dann aber bald. Für die päpstliche Liturgie ist eine Fußwaschung seit dem 12. Jahrhundert nachgewiesen. Die nach der Neuordnung der Liturgie vom 16. 11. 1955 erlaubte Fußwaschung nach dem Evangelium der Gründonnerstagsmesse ist allerdings ein Novum in der abendländischen Eucharistiefeier (das Messbuch von 1570 sieht sie für das Ende der Eucharistiefeier vor). Heute vollziehen sie der Papst und die Bischöfe an ausgewählten (zwölf!) Gläubigen. Sie wird auch in vielen Pfarrkirchen vollzogen.

Der Brauch ist umstritten. Er war sinnvoll, so lange er einem Sklavendienst gleichkam, da die Sklaven den Ankommenden, die mit ihren Sandalen durch den Staub der Wege gegangen waren, die Füße wuschen. So wurde dieser Dienst in der Kirche wirklich als ein Sklavendienst der Amtsträger an den übrigen Mitgliedern der Gemeinde verstanden, ein Dienst, der Selbstüberwindung kostete und Demut lehrte, der aber auch die Würde aller Gläubigen in das rechte Licht setzte. Heute besteht die Gefahr, dass aus dem Brauch eine Zeremonie geworden ist, die nur noch wenig Aussagekraft hat. Auch dieser Brauch kommt – wie so Vieles in der Kirche – "auf zwei Beinen": Er hat bis heute Sinn, wenn ihn Papst, Bischöfe, Geistliche in tiefer Demut vollziehen und wenn er hilft, die Würde der Mitfeiernden wieder in das rechte Licht zu rücken. [7]

Es ist eine alte Gewohnheit, während des Gloria in der Festmesse des Gründonnerstags alle Glocken zu läuten, alle Ministrantenschellen erklingen zu lassen, die Orgel noch einmal voller Jubel zu spielen. Danach schweigen alle diese liturgischen Geräte aus Trauer über das beginnende und sich bald vollendende Leiden des Herrn. Man hat das **Schweigen** wohl auch als ein "Fasten der Ohren" verstanden, so wie die Hungertücher, die verhüllten Kreuze, dem "Fasten der Augen" dienen sollten.

Wenn wir jedoch an diesem Tag das Hochfest der Einsetzung der Eucharistie feiern, der, wie gesagt, der Primat der Seelsorge gebührt, wenn wir die entscheidenden Impulse unseres Glaubenslebens aus diesem Mahl empfangen, so ist zu fragen, ob solcher Brauch sinnvoll ist. Für ein Schweigen der Orgel z.B. finde ich keinen Hinweis in alten oder neuen Messbüchern. Nur ein kleiner, eher beiläufiger, älterer Hinweis einer Ritenkongregation kann angeführt werden, der in späteren Jahrhunderten (wohl bewusst) nicht wiederholt wurde [8]. Zum Fest der Eucharistie gehört die Festlichkeit. Sollten dann nicht die Orgel spielen, die Glocken läuten, die Ministranten schellen? Am Karfreitag und Karsamstag bleibt noch Zeit, das "Fasten der Ohren" zu üben. [9]

In einer zunehmenden Zahl von Gemeinden ist es üblich geworden, nach dem "Abendmahl" des Gründonnerstags eine "**Agapefeier**" (Agape ist das griechische Wort für eine sich selbst vergessende Liebe, die aus "tiefstem Herzen" kommt), also eine "Liebesfeier" mit der Gemeinde zu halten. Damit wird ein wichtiges eucharistisches Anliegen des Herrn auch im profanen Mahl symbolhaft deutlich: die Gemeinde zu einem "Bund der Liebe" zu vereinen, überhaupt das eucharistische Anliegen in den Alltag zu übersetzen. [10]

Das Essen im Pfarrsaal sollte von vielen in der Gemeinde vorbereitet werden, also ein Anliegen der gesamten Gemeinde sein. Es muss kein besonders kostbares Mahl sein, um die Grundgedanken deutlich werden zu lassen. Brot und Wein genügen oft.

Sinnvoll wäre es aber, "biblische" Speisen zu essen: Brotfladen, die gebrochen und ausgeteilt werden, Lammfleisch, Fisch ... Dazu wird Wein oder Traubensaft getrunken.

Schön wäre es, wenn zu solcher Agape auch diejenigen aus der Pfarrei eingeladen werden könnten, die kein "Zuhause" haben. Was oft am Heiligen Abend praktiziert wird, würde gerade am

Hochfest der Eucharistie ein sinnvoller Brauch sein. Ebenso könnten Teile des Mahles zu Kranken gebracht werden und zu Menschen, die in dieser Nacht soziale Dienste zu leisten haben.

Solche Agapefeiern können jedoch auch in der Gemeinschaft der Familien gehalten werden (vor allem, wenn für eine größere Agapefeier der Gemeinde kein geeigneter Raum zur Verfügung steht). Dann würde man die Mitbewohner der Häuser, die Nachbarn und Verwandten zu dieser Feier einladen.

Der Brauch einer solchen Agapefeier ist vielleicht wichtiger als der der "**Anbetungsstunden**", die gewöhnlich nach dem Amt des Gründonnerstags gehalten werden. Solche Anbetung ist gewiss oft ein Erweis tiefer Frömmigkeit. Es müsste jedoch überlegt werden, ob hier nicht der Akzent von einer eucharistischen Frömmigkeit auf eine "Anbetungsfrömmigkeit" (vor "ausgesetztem Allerheiligsten") verschoben wird, was gerade für den Gründonnerstag zu bedauern wäre. Besser wäre es wohl, gerade an diesem Fest den Wert ganz auf die Eucharistiefeier zu legen und danach auf die beschriebenen Agapefeiern. Anbetungsstunden (dann vor dem Kreuz des Herrn) sollten auf den Karfreitag verschoben werden (s. u.).

DER
KARFREITAG

ZUR THEOLOGIE DES KREUZES

Es ist schwer, Gemeinden den Sinn des Todes Jesu Christi zu vermitteln oder wenigstens ihn ahnen zu lassen. Eine weit verbreitete (immer noch vorherrschende?) Ansicht, die von Predigern, in den Texten von Kreuzweg- und Sühneandachten bis heute oft genug vertreten wird, ist die, dass Gott für eine unendliche Schuld der Menschen ihm gegenüber eine unendliche Sühne verlangte, die nur der Sohn leisten konnte und leistete. Manche Theologen haben bei solcher Theologie böse von einem "Schlächter"-Gott gesprochen, der seinen Sohn dahinmorden lässt. Und in der Tat ist das neutestamentliche Gottesbild mit einem Gott, der so unerbittlich Gerechtigkeit fordert, in keiner Weise zu vereinbaren. Wir müssen den Sinn des Todes Jesu in anderer Weise suchen. [1]

Ein Blick in die Religionsgeschichte zeigt uns, wie sehr die Menschen aller Zeiten unter dem Bewusstsein ihrer Schuld gelitten haben, dass sie zu ihren Göttern aufschrien, um Entsühnung zu erlangen. Sie haben unendlich viele Opfer als "Sühneleistung" dargebracht, Opfer an Menschen, Tieren und Dingen, unendlich viele Schreie und Gebete an die Götter oder an Gott gerichtet. Bis heute ist es für die Menschen schwer, mit ihrer Schuld zu leben, die sie oft genug in Einsamkeit, Verzweiflung und unaufhebbare Melancholie treibt.

Weil Gott nicht will, dass Menschen an ihrer Schuld und ihrem Leid zerbrechen, hat er – so sagt es unser Glaube – seinen Sohn in die Welt gesandt. Er kommt gerade zu den Sündern und Verachteten aus Liebe zu dieser gequälten Menschheit, der er aus Gnade die Schuld vergeben will. Aber viele Menschen haben ihn nicht angenommen, sie schlugen ihn ans Kreuz. So wird das Kreuz zum Zeichen einer grenzenlosen göttlichen Liebe zum Menschen. Diese Liebe ist das Mysterium des Kreuzes. Wir dürfen von der "kreuzgewordenen Liebe" Gottes sprechen.

31

Daneben müssen wir zum Verständnis des Kreuzestodes Jesu ein anderes Urwissen der Menschheit bedenken: So lange es Menschen gibt, haben sie in ihrem Leid, ihren Schmerzen, ihrem Todesbewusstsein zu den Göttern oder zu Gott aufgeschrieen.

Gerade unsere Zeit hat nach dem Sinn des entsetzlichen Leides der Menschheit gefragt. Darüber hinaus aber ist eindringlich gefragt worden, wie das Leid der Opfer etwa in Auschwitz, in all den furchtbaren Kriegen mit einem gütigen Gott des Neuen Testamentes zu vereinbaren sei. "Die einzige Entschuldigung für Gott", so wird argumentiert, "ist die, dass es ihn nicht gibt."

Das Kreuz ist auch hier Antwort: Gott leidet mit den Menschen. Ja, im Todesleiden Jesu wird solches Leid bis an die äußerste Grenze geführt. Der Todesschrei Jesu: "Mein Gott, mein Gott, warum hast du mich verlassen?" (Mk 15, 34) ist zwar der Anfang des 22. Psalms, in dem auch tröstende Worte stehen, er ist aber vor allem eine ganz persönliche Klage: Jesus geht (vereint mit den unzähligen Opfern unserer Geschichte) in die äußerste Verlassenheit eines solchen Todes hinein. Wir scheuen uns immer, das Wort zu sagen: Gott LEIDET mit Jesus Christus und in ihm mit der Menschheit. Kann Gott nicht leiden, wie viele behaupten? Aber wie sollte der, der zutiefst lieben kann, nicht auch zutiefst leiden können? Das Kreuz sagt dem Menschen, dass Gott in seinem Sohn mit der gequälten Menschheit leidet.

Aber auch in solcher Theologie des Kreuzes bleiben Fragen: Es ist zwar unendlich tröstlich, dass wir durch die Liebe und Barmherzigkeit Gottes mit ihm versöhnt werden, vor allem, dass der Vater-Gott und unser Bruder Jesus Christus mit uns leiden; es ist tröstlich, dass vor allem das Leid der Menschen so eine andere Dimension bekommen hat. Wenn es aber dabei bleibt, dann können die Henker trotzdem über ihre Opfer triumphieren, dann können sie über ihre Opfer in der menschlichen Geschichte dennoch lachen – auch über den "törichten" Gott, der sich in solcher Weise für den Menschen einsetzt …

So fordert der Karfreitag den Ostertag, die Auferstehung Jesu Christi und damit die Vollendung des Menschen, vor allem der Opfer unserer Geschichte, in Gottes Reich. Ohne Auferstehung bleibt auch das Kreuz, bleibt auch der Karfreitag "letzten Endes" sinnlos. [2]

Bei den Überlegungen zu einer Theologie des Kreuzes darf allerdings nicht verschwiegen werden, dass das Kreuz auch enthüllt, wer der Mensch ist. "In der griechischen Philosophie gibt es eine eigentümliche Vorahnung dieses Zusammenhangs: Platons Bild vom gekreuzigten Gerechten. Der große, wohl bedeutendste Philosoph der Antike, fragt sich in seinem Werk über den Staat, wie es wohl um einen ganz und gar gerechten Menschen in dieser Welt bestellt sein müsste. Er kommt zu dem Ergebnis, dass die Gerechtigkeit eines Menschen erst dann vollkommen und bewährt sei, wenn er den Schein der Ungerechtigkeit auf sich nehme, denn dann zeige sich, dass er nicht der Meinung der Menschen folge, sondern allein zur Gerechtigkeit um ihrer selbst willen steht". Und es ist erschütternd, bei Platon 400 Jahre vor Christus diese Worte zu finden: "Sie werden dann sehen, dass der Gerechte unter diesen Umständen gegeißelt, gefoltert, gebunden wird, dass ihm die Augen ausgebrannt werden und dass er zuletzt nach allen Misshandlungen gekreuzigt werden wird." [3]

Am Kreuz wird enthüllt, dass der Mensch den Gerechten, den Liebenden, den Wahrhaftigen nicht erträgt. Der Gekreuzigte ist "der dem Menschen hingehaltene Spiegel, in dem er unbeschönigt sich selbst sieht." Der Gekreuzigte stellt existentielle Fragen an uns, denen wir nicht ausweichen können. [4]

LITURGIE UND BRAUCHTUM

Das Brauchtum des Karfreitags hat die Liebe Gottes zum Menschen deutlich zu machen, wie auch die christliche Durchdringung menschlichen Leides; vor allem aber den engen Zusammenhang von Karfreitag und Ostern. Das kann auf vielfache Weise geschehen:

Am Morgen des Karfreitags wird in den Gemeinden gewöhnlich der **Kreuzweg** mit der Gemeinde begangen. Schon in den ersten Jahrhunderten hat man in Jerusalem wichtige Stellen des Kreuzweges Christi mit Steinen und Kapellen für die Pilger markiert. Im Abendland kannte man zunächst nur den Anfang des Kreuzweges: Burg Antonia/Verurteilung und den Endpunkt: Kalvarienberg mit Kreuz und Grab. Daraus entstanden im deutschen Sprachgebiet die "Sieben Fußfälle". Die Beschreibung des Adrichomius (1590) spricht von zwölf "Stationen", die dann durch den Franziskanerpater A. Daza 1625/1626 auf 14 erhöht wurden. [5] Aus solchen 14 Stationen besteht der übliche Kreuzweg bis heute. 13 davon sind dem biblischen Kreuzweg nachempfunden, eine Station ("Veronika reicht Jesus das Schweißtuch") ist der Legende entnommen.

Gewöhnlich wird der Kreuzweg im Gotteshaus oder einer Kapelle begangen. Wo ein öffentlicher Kreuzweg zu einer Bergkirche oder durch die Feldflur führt, ist es sinnvoll, die Stationen eines solchen Kreuzwegs zu gehen.

Man sollte sich jedoch die Theologie der Kreuzwege (in Text und Bild) genau ansehen und gegebenenfalls auf neue zurückgreifen. Das Päpstliche Missionswerk der Kinder in Deutschland bietet oft gute "Kreuzwege" (auch "Heilswege" genannt), nicht zuletzt aus den jungen Kirchen Afrikas oder Südamerikas an, die als "Familienkreuzwege" gern "begangen" werden. Der (inzwischen oekumenische) Jugendkreuzweg aus dem Jugendhaus in Düsseldorf ist ebenfalls sehr beliebt.

Es wäre auch sinnvoll und theologisch ergiebig, mit Gruppen der Gemeinde bzw. Schülern der Haupt- und weiterführenden Schulen vor der österlichen Bußzeit Kreuzwege (nicht zuletzt den des GOTTESLOBES) durchzuarbeiten, zu ändern, zum Teil für die jeweilige Gemeinschaft (Gruppe) neu zu schreiben ...

Und obwohl die 14. Station des Kreuzwegs im Gotteslob mit dem Schlußgebet deutlich auf die Auferstehung Jesu Christi verweist, sollte der Kreuzweg mit einer eigenen 15. Station enden, welche ganz dem Auferstehungsgeheimnis Jesu gewidmet ist. [6] Geht man den Kreuzweg mit (jüngeren) Kindern, die emotional sehr getroffen sein können, muss auf jeden Fall darauf geachtet werden, dass Mütter oder Väter (Großmütter oder Großväter) beim Kind sind und es bei der Hand nehmen.

Es wäre gut, mit Gruppen in der Gemeinde "Heilswege" zu entwerfen oder zu begehen. Ein solcher findet sich etwa in der Pfarrkirche St. Michael in Amberg / Oberpfalz mit folgenden Stationen:

1.   Gott ruft die Welt aus Liebe ins Dasein.
2.   Der Mensch schlägt Gottes Liebe aus.
3.   Gott geht den Menschen nach, geleitet sie und ruft sie in den Bund.
4.   Gottes Liebe wird sichtbar in seinem Sohn und dessen Wirken.
5.-8. Das Mysterium des Bösen und Gottes Liebe werden am Kreuz sichtbar (auf vier Bilder verteilt, finden wir hier die konventionellen Kreuzwegstationen).
9.   Gottes Sieg über den Tod und das Böse (Auferstehung).
10. Gottes Geist treibt den neuen Menschen an (Kirche).
11. Alle Menschen sind zu neuem Leben berufen (Eucharistie).

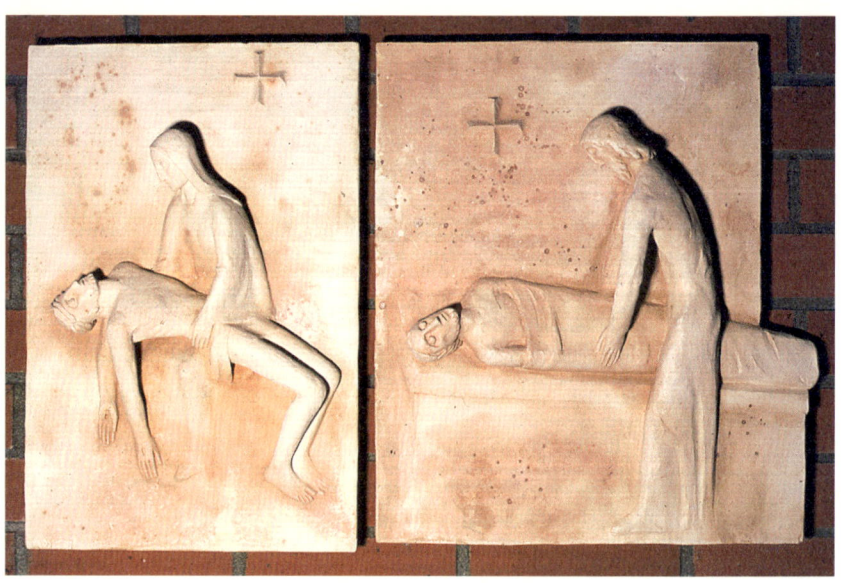

Stationen aus dem Heilsweg von St. Michael (Amberg/Opf.)

12. Unser Ziel: Gottes endgültiges Reich – der neue Himmel und die neue Erde.

Das ist ein theologisch gut durchdachter Heilsweg. [7] Es ist natürlich möglich, einige der Stationen wegzulassen oder durch andere zu ersetzen.

Das Begehen solcher Kreuz- (oder Heils-)wege ist ein sehr wichtiger Brauch. Er entspricht einer Grunderfahrung nicht zuletzt vieler heutigen Menschen, die im Zeichen des Scheiterns, im Zeichen "ihres" Kreuzes "auf dem Wege" sind. Wir alle werden im Gehen des Kreuzwegs den Herrn als Bruder erkennen, der sein Leid annimmt, der sich auch aus tiefstem Fall, aus tiefstem Schmerz wieder erhebt, der scheinbar aussichtsloses Leid, aussichtsloses Scheitern und grenzenlose Einsamkeit erfahren hat und der daher in all unserem persönlichen Leid und Scheitern an unserer Seite ist. Aus solcher Erfahrung sind im Lauf der Jahrhunderte die konventionellen Kreuzwegstationen erwachsen: Unser Herr nimmt es an, von Menschen gerichtet und verurteilt zu werden (l. Station). Er trägt nach der Qual der Geißelung und der Verspottung sein Kreuz (2. Station) und bricht darunter dreimal zusammen (3., 7., 9. Station). Er hält es aus, seiner Mutter gegenüberzustehen (4. Station) und tröstet noch die weinenden Frauen an seinem Leidensweg (8. Station). Dankbar nimmt er die kleinen Hilfen des Simon von Cyrene und der Veronika an (5. und 6. Station). Er wird ans Kreuz geschlagen, stirbt und wird ins Grab gelegt (10. - 14. Station). Daraus wird er auferstehen.

Mit besonderer Ehrfurcht sollte der **Gottesdienst am Nachmittag des Karfreitags**, also zur Zeit der Sterbestunde Jesu, begangen werden. In dieser Feierstunde liegt ein Schwerpunkt auf der Anbetung des Kreuzes. Voraus geht die **"Enthüllung" des Kreuzes**. Das wird liturgisch am sinnvollsten so gestaltet, dass das Kreuz ganz enthüllt wird. Danach wird es über die Mitfeiernden erhoben, wobei in dreifacher Steigerung das "Ecce lignum crucis,

Enthüllung des Kreuzes

in quo salus mundi pependit" mit der Antwort des Volkes: "Venite adoremus!" gesungen wird. Es ist auch sinnvoll, mit dem enthüllten Kreuz durch den Mittelgang der Kirche zu gehen und dabei an drei verschiedenen Stellen diesen Ruf in lateinischer oder deutscher Sprache ("Seht das Kreuz, daran das Heil der Welt hing!" – "Kommt, lasst es uns anbeten!") zu singen (oder zu sprechen).

Die **"Großen Fürbitten"** dieses Nachmittagsgottesdienstes sind ergreifend, weil die Kirche auf der ganzen Erde vor dem Kreuz für sich selbst und alle Gläubigen bittet; aber auch für die ersehnte Einheit der Kirche; für alle, die nicht an Christus und Gott glauben; für alle Regierenden der Welt; so wie sie von Herzen fleht für die Notleidenden, Hungernden, der Freiheit Beraubten, für die Kranken und Sterbenden. Es sind Bitten "am Rande der Tränen", die im Zeichen des Kreuzes an Gott gerichtet werden.

Dennoch sollte besonderer Wert auf die **Verehrung des Kreuzes** gelegt werden. Wenn Gott uns am Kreuz mit sich versöhnt, wenn er in unserer Einsamkeit und unserem Leid als der Mit-Leidende gegenwärtig ist, so schulden wir ihm Dankbarkeit und Verehrung.

Wichtige Vertreter der Gemeinde, aller Verbände, des Pfarrgemeinderates, der Pfarrverwaltung sollten an der Verehrung durch eine oder drei Kniebeugen teilnehmen. Sinnvoll wäre es, wenn alle Teilnehmer des Nachmittagsgottesdienstes dem Gekreuzigten so ihre Verehrung erweisen würden. Leider ist das oft mit Schwierigkeiten wegen der räumlichen Gegebenheiten im Gotteshaus verbunden. [8]

Für die Verehrung des Kreuzes haben sich örtlich viele Sonderbräuche entwickelt, die überdacht, nachgeahmt oder modifiziert werden sollten. So werden in einzelnen Gemeinden Nägel angeboten, welche die Anbetenden nach der Verehrung neben dem Kreuz niederlegen. Diese Nägel stellen die Frage, ob wir nicht alle immer neu den Herrn ans Kreuz schlagen. In anderen Gemeinden werden im Laufe der österlichen Bußzeit Herzen oder Kreuze aus Ton gebrannt, die nach der Kreuzverehrung den Verehrenden zur Erinnerung mitgegeben werden. Auch kleine Metallkreuze werden als Erinnerung geschenkt, die das Jahr über getragen oder an besonderer Stelle aufbewahrt werden. Sinnvoll ist es auch, bei der Verehrung eine Rose oder andere Blumen neben dem Kreuz niederzulegen. Gerade die Edelrose ist bis heute ein Zeichen besonderer Wertschätzung und Verehrung geblieben. Die Rosen könnten im Vorraum der Kirche erworben werden, wobei auf ihren Sinn hingewiesen werden sollte.

Wo der alte Brauch eines **"Heiligen Grabes"** nicht mehr geübt wird, wird das Kreuz an einen bevorzugten Platz im Gotteshaus gehängt oder gestellt. Neben ihm sollten große Vasen etwa mit blühenden Forsythien oder mit den gerade genannten Rosen stehen. So wird die Brücke zur Osternacht, zur Auferstehung, geschlagen: Das Licht der Auferstehung erhellt auch das Dunkel des Karfreitags.

Die Gemeinde sollte dringend zu weiterer Verehrung des Kreuzes den Tag und den Abend über eingeladen werden. [9] Meditationstexte könnten von verschiedenen Gruppen in der Pfarrei (Jugend, KAB, Kolping, Frauenbund) erarbeitet und angeboten werden. Besonders sinnvoll wäre es, an den ersten Abenden der Karwoche solche Texte mit der Gemeinde zu erarbeiten.

In immer stärkerem Maße wendet man sich am Karfreitag/Karsamstag wieder der **Passionsmusik** der großen Meister, vor allem der Werke Johann Sebastian Bachs oder der zeitgenössischer Komponisten zu. Solche Musik kann für viele Menschen, die nicht mehr glauben (können), eine Brücke zur Passion Christi sein. Daher sollte uns eine gute Interpretation dieser Werke ein wichtiges Anliegen werden. Ähnliches gilt für die bildende Kunst, deren religiöses Potenzial noch zu wenig ausgeschöpft ist. Stellvertretend für die moderne Kunst nenne ich Frans MASEREEL: Es war einmal.. (o. J.); MARC CHAGALL, Die weiße Kreuzigung (1938) ; R. P. LITZENBURGER, Christus, der Narr – König der Juden u.a.

EXKURS:

DAS STRASSENGEBET

In vielen, nicht zuletzt dörflichen Gemeinden ist am Karfreitag (7/12/18 Uhr) und am Karsamstag (7 und 12 Uhr) das Straßengebet üblich. Die Ministranten "ratschen" mit Handratschen in mehreren Gruppen durch die Gemeinde, und die Gläubigen kommen aus ihren Häusern und treffen sich an festgelegten Plätzen zum Straßengebet. Die Ministranten beten dabei den "Engel des Herrn" (Angelus) mit der Gemeinde. [10] Nach einem Dekret des Papstes Benedikt XIV wird der Angelus für die Osterzeit vom Gebet: "Regina caeli …" = "Freu dich, du Himmelskönigin …" abgelöst. Das kann (gegen die Angaben des alten "Schott-Messbuches") natürlich erst ab dem Ostersonntag geschehen.

Straßengebete werden angenommen. Nach meinen Erfahrungen betet oft fast ein Viertel der Gemeinde mit. Der Geistliche geht – wenn immer es möglich ist – jeweils mit einer der Gruppen und erteilt am Schluss den Segen für alle Beter und die Gemeinde.

DER

KARSAMSTAG

DIE THEOLOGIE: "HINABGESTIEGEN IN DAS REICH DES TODES" [1]

Ohne Zweifel ist dieser Glaubensartikel der unbekannteste und am wenigsten verstandene des Glaubensbekenntnisses. Die Gläubigen unserer Gemeinden wissen mit ihm kaum etwas anzufangen. Sie begreifen auch kaum, dass diesem Glaubenssatz liturgisch der Karsamstag zugeordnet ist. Vielleicht würden viele sich sogar aufregen, wenn es hieße: "Gott ist (in Jesus) gestorben", obwohl das Glaubensbekenntnis unmissverständlich sagt: "… gelitten unter Pontius Pilatus, gekreuzigt, gestorben und begraben."

Der Karsamstag ist seit langer Zeit im Kirchenjahr für die meisten Gemeindemitglieder lediglich der Übergang vom Karfreitag zum Ostertag, ohne eigenes Profil. Er wird weithin zum Backen, überhaupt zur Vorbereitung des Festessens, zum Schmücken der Häuser, zur Vorbereitung des Osterbrauchtums oder auch nur zum Reinigen von Haus und Hof verwendet. Der Herr ist für viele scheintot – wir leben mit dieser Häresie.

Der Satz unseres Glaubensbekenntnisses und damit der Karsamstag aber sagen unerbittlich aus: Gott ist in Jesus Christus gestorben; er ist in den Tod gegeben worden. Gott ist bis an die äußerste Grenze der Liebe gelangt, ist in die letzte Qual und Verlassenheit des Kreuzes und damit des Todes hineingegangen. Das ist das Mysterium des Karsamstags: Gott geht in die absolute menschliche Verlassenheit, die des Todes, ein. Kardinal Ratzinger hat das mit großer Kühnheit formuliert: "Karsamstag … ist der Tag des 'Todes Gottes', der Tag, der die unerhörte Erfahrung unserer Zeit ausdrückt und vorwegnimmt, dass Gott einfach abwesend ist, dass das Grab ihn deckt, dass er nicht mehr aufwacht, nicht mehr spricht, so dass man nicht einmal mehr ihn zu bestreiten braucht, sondern ihn einfach übergehen kann. 'Gott ist tot, und wir haben ihn getötet'. Dieses Wort Nietzsches gehört sprachlich der Tradition der christlichen Passionsfrömmigkeit an; es drückt den Gehalt des Karsamstags aus ..." [2]

Dieser "Tod Gottes" ist wirkmächtiges Geheimnis des Kirchenjahres. Wir Christen haben mit der Welt diesen Tod Gottes zu erfahren, haben das "Tal der Sinnlosigkeit" Jahr um Jahr zu erleiden. Aber jeder von uns Menschen, der das Tor zu dieser äußersten Verlassenheit, das Tor des Todes, durchschreiten muss, weiß nun auch, dass unser Gott selbst es durchschritten hat und uns in der äußersten Verlassenheit die Hand reicht. [3]

Tiefste menschliche Verlassenheit erwächst nicht aus dem Leid und dem Schmerz, die der Mensch durchleiden muss, nicht einmal aus der Einsamkeit, die in der Tiefe jeden Menschen gefährdet. [4] Denn viele Menschen finden in ihrem Schmerz und in ihrer (oft weglos erscheinenden) Einsamkeit noch eine Hand, die sie hält und tröstet, finden noch ein menschliches Wort, das sie erreicht. Die wahre Verlassenheit, die letzte Einsamkeit ist die, in der Gott tot ist, jene Verlassenheit, die uns vor allem im Todesschrei Jesu erreicht. Es sind besonders die Verlassenheit und die Einsamkeit derer in unserer Zeit, die glauben wollen, aber nicht mehr glauben können, für die Gott gestorben ist. [5]

So gibt es heute in steigendem Maße die tragische Glaubenslosigkeit, die zum Mysterium des Karsamstags gehört, die Glaubenslosigkeit, für die Gott tot ist, weil der Mensch ihn über all den Gräueln unserer Zeit – mehr noch als über dem persönlichen Leid – nicht mehr finden kann, eine Glaubenslosigkeit, die keine Osternacht mehr kennt. Wir meinen die Menschen, für welche die einzige Entschuldigung für einen gütigen Gott die ist, dass er nicht existiert. Nicht zuletzt ihnen ist der Karsamstag – auch als liturgischer Tag – zugeordnet. Und wenn wir diese Welt mit ihrer Geschichte ernst nehmen, gehören wir alle zu denen, die um Gott ringen, für die Gott zu sterben droht ...

Wir sollten hier wieder daran erinnern, dass im Herrengebet, dem Herzgebet Jesu, die Bitte steht: "Lieber Vater – führe uns nicht in Versuchung!" Gott führt niemand in Versuchung um zu erproben, wie stark er ist. Aber es gibt eine Versuchung, in die Gott selbst uns führt: eben die, dass er zu dunkel wird für uns, dass wir seinen "Einschlag im Gewebe der Welt", vor allem aber seinen "Einschlag im Gewebe unseres eigenen Lebens" nicht mehr erkennen können. Auch solche Bitte ist dem Karsamstag zugeordnet, und es ist tröstlich, dass der Herr selbst sie uns zu beten gelehrt hat …

Der Karsamstag gehört also unaufgebbar zum Kirchenjahr. Ihn zu feiern, heißt auch, dass wir unsere Gottesbilder in Frage stellen lassen, dass wir Gott sterben lassen müssen, um ihm die Freiheit seiner Selbst (zurück) zu geben. Die "Gottesdistanz" kann ja auch als "Ausdruck von Ehrfurcht gegenüber Gott" gedeutet werden. "Denn dieser ist immer größer als unser Herz, immer anders als unser Wünschen, Wollen, unsere Projektion. Kann so ein gewisses Maß an Atheismus zur Hebamme des Glaubens im 3. Jahrtausend werden?" (T. Halik)

Keiner kann ohne den Karsamstag wahrhaft gläubig sein. Wir können nur versuchen, unserem Karsamstag den Todesschrei des Gekreuzigten abzuringen: "Mein Gott, mein Gott, warum hast du mich verlassen?" und so in der äußersten Verlassenheit noch zum Gebet zu finden. In diesem 22. Psalm stehen ja auch die Worte: "Er hat nicht verschmäht, nicht verachtet das Elend des Armen, / vor ihm ist nicht verborgen sein Angesicht, / er hat ihn gehört, da er zu ihm gerufen hat." (V 25)

Der Tod Gottes lässt uns hoffen, dass all unsere Einsamkeit und Gottverlassenheit, dass all unsere Todesangst in ihm aufgehoben sind, dass Gott uns auch an dieser äußersten Grenze einen Weg weist. Und wir sollten Gott inständig um die Kraft des Glaubens bitten, ihn darum bitten, dass für uns und für unsere Brüder und

Schwestern aus jedem Dunkel des Karsamstags immer wieder das Licht der Auferstehung erwächst. Dann werden wir vielleicht wieder das Wort des Heiligen Johannes vom Kreuz begreifen, nach dem das Erlebnis der Verlassenheit und Abgeschiedenheit von Gott, also die Erfahrung des "Todes Gottes", auch als "Pädagogik Gottes" verstanden werden kann.

DAS BRAUCHTUM

Es gibt kein genuines Brauchtum für den Karsamstag. Wie hätte es sich bilden sollen? Viele Pfarrer meinten, er sei für die Gemeinden der langweiligste Tag des Kirchenjahres und das sei gut so, denn so würden sich alle auf Ostern freuen, das Fest der Auferstehung ...

Aber der Karsamstag sollte in einer glaubensloser werdenden Zeit immer mehr an Bedeutung gewinnen. Sicher muss man seine Chancen erst stärker erkennen.

Zunächst sollte der Tag für die **persönliche Meditation** genutzt werden. Denn wir können ja die Sinnfrage nicht aus unserem Leben ausklammern, und gerade die moderne Psychologie zeigt wieder neu, wie wichtig solche Sinnfrage für die „Menschwerdung des Menschen" ist. [6]

Es wäre sinnvoll, in den Gemeinden **Wortgottesdienste** zum Karsamstag zu halten (vielleicht für bestimmte Gruppen), in denen die bisher von uns aufgewiesene Problematik zur Sprache kommt. Ich bin sicher, dass solche Gottesdienste (nicht zuletzt in den Städten) ein großes Echo fänden.

48

In regionalen und überregionalen Bildungshäusern / Akademien könnten bewusst für den Karfreitag / Karsamstag **Tagungen** angeboten werden, in denen Ungläubige mit Glaubenden diskutieren; Tagungen, in denen über den "Tod Gottes" (und seine Konsequenzen) meditiert wird.

Es sollte auch überlegt werden, ob der Karsamstag nicht stärker zum **"Gräbergang"** genutzt werden könnte. Bei solchen Grabgängen könnte die Erinnerung an erfahrenes Leid manches von der Karsamstagstheologie wieder deutlich machen.

OSTERN

DIE THEOLOGIE DER AUFERSTEHUNG

Wenige Themen der Theologie sind in den vergangenen Jahrzehnten so leidenschaftlich durchdacht und durchdiskutiert worden wie das der Auferstehung/Auferweckung Jesu Christi. Die Frage ist immer neu gestellt worden, ob die Aussagen eines scheinbar völlig anderen Denk- und Kulturraumes, gebildet von Juden, Griechen, Römern für uns noch übersetzbar sind und dann – wie.

Wir können im Rahmen eines solchen Buches, das sich neben den Geistlichen, den Predigern und Katecheten nicht zuletzt (auch) an Nichttheologen in den Gemeinden wendet, nur auf einige Grundaussagen zu diesem umfassenden Thema hinweisen:

Der Gedanke einer Auferstehung des Menschen und der damit verbundene eines bleibenden Reiches des Lebens, der Fülle und des Friedens, das von den Göttern oder Gott geschenkt wird, gehört zum Urbestand menschlichen Denkens. Diese Urgedanken haben sich vor allem in den **MYTHEN der Völker** niedergeschlagen. Erinnert sei hier – um wenigstens einige Beispiele zu nennen – an die Erzählungen um JASON, der mit der Elite der Jugend seiner Zeit aufbricht, um das "Goldene Vlies" zu erobern – Symbol des Glücks und des Heils für die Welt. Denken wir an ORPHEUS, der mit der Macht seines Gesanges auch die wilden Tiere befriedete und in dem so ein "Goldenes Zeitalter" der Schöpfung vorausverkündet wurde – ein Motiv, das schon die Juden aus der griechisch-römischen Kunst übernahmen, wobei sie ihm einen messianischen Sinn gaben. Auch der Mythos vom Abstieg des Orpheus ins Totenreich, der seine geliebte Eurydike wieder heraufholen wollte, muss hier genannt werden …

Denken wir an die "Sprüche der SYBILLEN", die in Höhlen und an Quellen weissagten, Orakelsprüche, die der römische König Tarquinius Priskus (616–578) von einer unbekannten Frau (der

Sibylle von Cumae?) gekauft haben soll. Sie sind beim großen Brand des Kapitols im Jahr 83 v. Chr. vernichtet worden, wurden aber in kaiserlichem Auftrag – soweit sie noch lebendig waren – wieder gesammelt und in 14 Büchern überliefert.

Das endzeitliche Reich wird im dritten dieser Bücher besungen: "... die allnährende Erde wird für den Menschen hervorbringen eine Fülle herrlicher Frucht des Weizens und Wein und Öl und danach die Himmel senden lieblichen Honigtau und die Frucht des Nussbaums und fette Schafe und Ochsen und Frucht der Lämmer und Ziegen hervorbringen und wird die süßen Quellen der lieblichen Milch überströmen lassen. Und die Städte werden mit Schätzen gesegnet sein und die Äcker fruchtbar, und wird kein Schwert und Krieg auf Erden sein, und die schwerseufzende Erde wird nicht mehr erschüttert werden und wird kein Krieg und keine Dürre, nicht Hungersnot und Hagelschlag mehr auf Erden sein ... sondern ein großer Friede wird über der ganzen Erde walten ...

Frohlocke, o Jungfrau, und freue dich; denn eine ewige Wonne hat dir beschieden, der Himmel und Erde geschaffen hat. Er wird ja bei dir wohnen und dir ein ewiges Licht sein ..."

Endlich möge der 4. Gesang der Hirtenlieder VERGILS genannt werden, der kurz vor der Geburt Christi gedichtet wurde. In dieser "Ekloge" heißt es vom kommenden Weltherrscher: "Letzte Weltzeit ist nun nach dem Spruch der Sibylle, groß aus Ursprungs- reine erwächst der Zeitalter Reihe. Schon kehrt wieder die Jung- frau, Saturn hat wieder die Herrschaft, schon steigt neu ein Erbe herab aus himmlischen Höhen. Sei nur dem nahenden Knaben, mit dem die eisernen Menschen enden, und allen Welten ein gol- denes Alter erblühet, gnädig sei ihm, du Helferin, Reine! Schon herrscht dein Apollo ...

Während du, o Pollio, führest, beginnt dieses Äons Herrlichkeit, fangen an die hohen Jahre zu schreiten, die unseres Frevels Spuren, wenn solche noch blieben, vernichten, die aus unaufhörlichen Ängsten erlösen die Länder…

Dann werden blond sich kleiden die Äcker mit wehenden Ähren, hangen werden am wilden Dornbusch rötliche Trauben. Träufeln wie Tau wird Honig aus hartem Stamme der Eichen…

Hierauf, wenn du zu sicheren Jahren des Mannes gereift bist, wird auch der Seefahrer meiden das Meer, wird nicht mehr die Schifffahrt tauschen und handeln, denn dann trägt allen und alles die Erde. Dulden muß nicht mehr der Boden die Hacke, das Messer der Weinstock; alsbald nimmt auch der stämmige Pflüger den Stieren das Joch ab; nimmer braucht täuschend die Wolle verschiedene Färbung zu lügen, wechseln auf Auen ja selber die Widder die schimmernden Vliese, bald in blühenden Purpur, bald in blasseren Safran, Scharlach schmückt aus eigenem Willen weidende Lämmer.

´Laufet durch so erhabene Zeiten`, sprachen die Parzen, einig und fest durch die Allmacht des Schicksals, zu ihren Spindeln.

Tritt an – siehe, es naht schon die Stunde – die herrlichen Ehren, teurer göttlicher Spross, des Zeus erhabener Same, siehe das Weltall, erschauernd unter der lastenden Kuppel, siehe die Länder, die Flächen des Meeres, den Abgrund der Himmel, siehe wie alles und alle sich freuen des kommenden Äons." [1]

Wenn wir die RELIGIONEN der Völker untersuchen, findet sich in nahezu allen der Gedanke der Auferstehung, in welcher Form auch immer er ausgedrückt ist.

In ähnlicher Weise können die **MÄRCHEN der Völker** befragt werden. Auch sie sind voller Ahnungen eines kommenden herrlichen Reiches. Denken wir bei den Märchen der Brüder Grimm nur an das Märchen "Vom Goldenen Vogel" (Nr. 57 der Urfassung von 1812). EINE Feder dieses goldenen Vogels, der in unsere Welt einbricht und sie gefährdet, ist "mehr wert als das gesamte Königreich" des irdischen Herrschers …

Gewiss – in den meisten solcher Texte ist von einem kommenden REICH des Glücks und des Friedens die Rede. Dennoch wird den Menschen davon prophezeit, damit sie teilhaben an solcher Herrlichkeit. Hinter solchen Ahnungen steht die von einem bleibenden Leben der Menschen in diesem Reich.

Bis zum Anbruch eines solchen endzeitlichen Reiches aber wusste der Mensch, dass er als einzelner dem Tod anheimfallen musste. So versuchte er, sich in anderen ein Weiterleben zu sichern, etwa in seinen Kindern. Kinderlosigkeit galt daher bei vielen Völkern als ein furchtbarer Fluch.

Entdeckt der Mensch dann aber, dass er ja nur "uneigentlich" in seinen Kindern fortlebt, so flieht er oft in eine vermeintliche "Unsterblichkeit des Ruhms". Aber was auch hier bleibt, ist nur das "Echo" des Menschen, sein Schatten. Alle diese Wege führen in die Irre.

Bestand auf Dauer, Ewigkeit, habe ich als sterblicher Mensch nur in einem, der ewig besteht, der uns mit hereinnimmt in diese Ewigkeit, nur in dem, der wahrhaft IST, der NICHT WIRD und VERGEHT, der "im Werden und im Vorübergang BLEIBT". Hier wird dem Menschen das Tor zur christlichen Botschaft geöffnet. Denn einen solchen Bestand ermöglicht uns nur der Auferstandene, Jesus, der Christus, der unsere Auferstehung sichert (1 Kor 15). In ihm (und wir wissen nur in ihm) hat der Tod nicht mehr das "letzte Wort."

Die große Sehnsucht des Menschen aller Zeiten ist neben der nach einem solchen vollendeten Reich des Glücks und des Friedens die LIEBE gewesen. Er will vom Herzen her, also aus der Persontiefe heraus, lieben und geliebt werden. Wenn das wunderbare "Hohe Lied" des Alten Testamentes sagt: "Stark wie der Tod ist die Liebe", kommt darin ein "Grundproblem, ja, DAS Grundproblem der menschlichen Existenz zur Sprache: Liebe fordert Unendlichkeit,

Unzerstörbarkeit, ja sie ist gleichsam ein Schrei nach Unendlichkeit." [2] Auferstehung erweist das Stärkersein der Liebe gegenüber dem Tod.

Was hier vom Menschen mit seinem Herzen geahnt wird, findet im Neuen Testament seine Erfüllung. Das wohl entscheidende Zeugnis ist jenes, das uns der Apostel Paulus vermittelt hat:

1 KOR 15, 1 ff

"Ich erinnere euch, Brüder, an das Evangelium, das ich euch verkündet habe. Ihr habt es angenommen; es ist der Grund, auf dem ihr steht. Durch dieses Evangelium werdet ihr gerettet, wenn ihr an dem Wortlaut festhaltet, den ich euch verkündet habe. Oder habt ihr den Glauben unüberlegt angenommen?

Denn vor allem habe ich euch überliefert, was auch ich empfangen habe:

Christus ist für unsere Sünden gestorben / gemäß der Schrift, und ist begraben worden. Er ist am dritten Tag auferweckt worden, / gemäß der Schrift, und erschien dem Kephas, dann den Zwölf.

Danach erschien er mehr als fünfhundert Brüdern zugleich, die meisten von ihnen sind noch am Leben, einige sind entschlafen. Danach erschien er dem Jakobus, dann allen Aposteln. Als letztem von allen erschien er auch mir, dem 'Unerwarteten', der 'Missgeburt'."

Dies ist das entscheidende "Evangelium" des Paulus. Er hat es selbst "empfangen" als das Urevangelium der frühen Kirche. Kernpunkte dieses Evangeliums sind also der Tod und die Auferweckung Jesu. Unser Glaube beruht auf dem Zeugnis der Jünger, die den Herrn als den Lebendigen "gesehen" haben, die von ihm überzeugt wurden, dass der Tod nun zerbrochen sei auf das Leben hin. Dabei ist daran festzuhalten, dass die Jünger nicht einen Versuch machten, das schreckliche Ereignis des Kreuzes zu "deuteln" und "aufzuhellen" sondern dass ihnen eine von Gott kommende Begegnung widerfuhr, die ihnen die Gewissheit verlieh, dass Jesus in der Herrlichkeit seines Vaters lebte.

Den Jüngern wurde auch deutlich, dass Jesus nicht in das bisherige Leben zurückgekehrt war. Er war nach "Vornhin" auferstanden, in das neue Leben beim Vater, das sich irdischen Maßstäben entzieht.

Das zeigen die Zeugnisse der Evangelien : Mk 16, 1 - 8; vgl. Mt 28, 1 - 8 ; Lk 24, 13 - 35, nicht zuletzt Joh 20, 1 ff und 21, 1 - 14 u. a. Sie sind zeitlich später entstanden als das "Urevangelium" der Auferstehung, das uns Paulus vermittelt. Deutlich ist in ihnen, dass der Auferstandene jenen, denen er begegnet, seltsam fremd war: sie erkennen ihn und erkennen ihn nicht, sie berühren ihn und berühren ihn nicht ... Überall wird deutlich, wie sehr der Herr "nach vornhin", in ein neues, gottgeschaffenes Leben hinein, auferstand.

Aber die Jünger "schauen" ihn mit ihren Augen und mit den Augen des Herzens. Die Heilige Schrift gebraucht hier jenes Wort für "Schauen" (opthe), das auch im Alten Testament für das "Schauen Gottes" durch die Erzväter und Propheten verwandt wird: Gott tritt im Auferstandenen auf die Zwölf, auf die Frauen, auf die Gemeinde, auf uns zu.

Dieses "Auferstehen in eine neue Wirklichkeit hinein" ist für Paulus sehr wichtig, wie die weiteren Gedanken des 15. Kapitels im 1. Korintherbrief beweisen. Nachdem er deutlich gemacht hat, dass unsere Auferstehung die Auferstehung Jesu Christi voraussetzt (weil wir nur in ihm ewig "bestehen" können), führt Paulus aus (eine Botschaft, die selten Gegenstand der Predigt und der theologischen Gemeindearbeit ist): "Nun könnte einer fragen: WIE werden die Toten auferweckt, was für einen Leib werden sie haben? Was für eine törichte Frage! Auch das, was du säst, wird nicht lebendig, wenn es nicht stirbt. Und was du säst, hat noch nicht die Gestalt, die entstehen wird; es ist nur ein nacktes Samenkorn, zum Beispiel ein Weizenkorn oder ein anderes. Gott gibt ihm die Gestalt, die er vorgesehen hat, jedem Samen eine andere ... So ist es mit der Auferstehung der Toten. Was gesät wird, ist verweslich, was auferweckt wird, unverweslich. Was gesät wird, ist schwach, was auferweckt wird, ist stark. Gesät wird ein irdischer Leib, auferweckt ein himmlischer Leib. Wenn es einen irdischen Leib gibt, gibt es auch einen überirdischen (himmlischen) ... Wenn sich aber dieses Vergängliche mit Unvergänglichkeit bekleidet und dieses Sterbliche mit Unsterblichkeit, dann erfüllt sich das Wort der Schrift:

Verschlungen ist der Tod vom Sieg. Tod, wo ist dein Sieg, Tod, wo ist dein Stachel?" (1 Kor 15, 35 ff)

Es fällt auf, wie vorsichtig Paulus mit konkreten Aussagen ist. Der Auferstehungsleib wird nicht beschrieben, es werden nicht Einzelheiten des zukünftigen Lebens ausgemalt (im Gegensatz zu den oft genug düsteren, manchmal auch lichten Ausmalungen späterer Verkündiger). Was Auferstehung bedeutet, können wir AHNEN, nicht mehr. Und wir sollten uns von der Phantasie unseres Gottes überraschen lassen.

Im Hintergrund der gerade angedeuteten paulinischen Aussagen stehen Fragen der Gemeinde. Sie sind bis heute nicht verstummt und blockieren oft genug einen lebendigen Glauben.

Viele moderne Antworten sind darauf versucht worden, die aus "paulinischen Geiste" gegeben werden. Selbst eine Auswahl wäre hier willkürlich. Dennoch darf ich wenigstens eine Antwort nennen, die mich und wahrscheinlich manche andere überzeugt hat. Der Atomphysiker Gernot Eder hat auf einer Tagung über "Sterben, Tod und Auferstehung" in der Katholischen Akademie München daran erinnert, dass unser menschliches Sein von unserem genetischen Code gesteuert wird. Dieser Code muss, in welcher Form auch immer, in Materie übersetzt werden. Eder fährt dann fort: "Wir wissen ... dass die genetische Information transponierbar und die Materie metamorphosenfreundlich ist. Einzelheiten sind nicht so zentral. Denn der Hirt, der auf der Panflöte eine Melodie ausprobiert, muss noch nicht alle Möglichkeiten einer großen Orgel kennen." Wir dürfen das übertragen: unser hiesiges Leben als Melodie einer Panflöte gegenüber dem großen Orgelwerk des Reiches der Auferstehung! So wird unser Leben zum täglichen Gleichnis.

Aber auch hier wird noch einmal deutlich, wie vorsichtig wir sein sollten, das zukünftige Leben, das "Danach" auszumalen. Unsere Vorstellungen sind zeitgebunden, wir müssen sie uns immer wieder zerbrechen lassen. Der Glaube an Gott und an die Auferstehung darf nicht an Vorstellungen zerbrechen, die viele der heutigen Menschen nicht mehr nachvollziehen können.

Sagen wir es anders: Wir haben immer wieder als Verkündiger (sicher "guten Glaubens") versucht, Gott, die Auferstehung, das vollendete Reich zu "definieren". Wir haben vergessen, dass im Wort Definition das Wort finis – Grenze (Umgrenzung) enthalten ist. Wie aber wollten wir Gott, Auferstehung ... "begrenzen". Wir sollten die "Demut des Wortes" wieder lernen; gerade die Prediger und Katecheten sollten Gott und sein Tun wieder in die Freiheit seines Seins entlassen.

LITURGIE UND BRAUCHTUM

Zunächst wäre es wichtig, im Brauch an die paulinischen Aussagen heranzuführen: Wir stehen in eine neue Wirklichkeit hinein auf, mit einem neuen Leib, dem „Auferstehungsleib", der anderen Gesetzen unterliegt als der irdische (wenn dieser auch von seiner Geschichte her den "himmlischen" mitformt. Wenn wir im angeführten Bild bleiben, bleibt die "Melodie unseres Lebens" erhalten und wird ausgeformt). Paulus gebraucht hier das Beispiel vom Weizenkorn und gibt damit einen deutlichen Hinweis auf eine sinnvolle Umsetzung in das Brauchtum hinein.

So wäre es möglich, zum Fest eine größere **Schale mit Blumen** auf einen der (Seiten-) Altäre zu stellen und daneben ein Schälchen mit den Samenkörnern der gleichen Blumen. Die Predigt würde dann deutlich machen, auf welche Weise unser irdischer Leib und der Auferstehungsleib einander zugeordnet sind. Und auch etwas von der Herrlichkeit des neuen Leibes würde so sichtbar werden …

Ich kann auch im Rahmen eines Gottesdienstes einige Zeit vor Ostern Weizenkörner in eine größere Schale pflanzen.

Gärtner oder Bauern können uns leicht sagen, wie lange diese Körner brauchen, um zum Osterfest den Ährenansatz zu zeigen oder gar eine reife Ähre. Kresse ist für solchen Brauch sehr beliebt. Sie braucht nur drei Tage, um aufzugehen und die neue Pflanze aus dem winzigen Samenkorn anzudeuten.

Einfacher ist es, mit Kindern oder Jugendlichen Getreidekörner auf große Kartons zu malen und daneben das reife Getreide. Das Gleiche kann natürlich mit Samenkörnern und Blumen geschehen.

Sinnvoll ist es auch, vor allem an Kinder bei Ostergottesdiensten und -katechesen Tütchen mit Samenkörnern verschiedener Blumen auszuteilen, die zu Hause in Blumentöpfe eingesät werden und bald Blumen hervorbringen.

Auch die übrigen – bekannteren – Osterbräuche sind daran zu messen, wie weit sie im Dienst der Erhellung des Auferstehungsmysteriums stehen, wie weit sie also Auferstehung in den gesetzten Grenzen "erfahr-bar", "be-greif-bar" machen.

DAS OSTERFEUER

Das Feuer war und ist eines der größten Güter der Menschheit. Es galt als Gabe der Götter. In Rom hüteten die Priesterinnen der Feuergöttin Vesta als reine Jungfrauen das heilige Feuer; in Griechenland hatten die Götter des Feuers grosses Ansehen. Prometheus, der das Feuer freventlich stahl, musste dies furchtbar büßen. Das Urfeuer, die Sonne, wurde in Ägypten als göttlich verehrt. [3)]

Im Alten Testament ist das Feuer eines der Symbole Gottes (Jahwes). Im Feuer erscheint Jahwe dem Mose im brennenden Dornbusch, der nicht verbrennt (2 Mos 3, 2); in der Feuersäule zieht Jahwe den Israeliten voran (2 Mos 13, 21 f); im Feuer steigt er auf den Sinai herab (2 Mos 19, 18). Aus dem Mund Gottes kommt "verzehrendes Feuer" und "glühende Kohlen sprühen aus ihm" (Ps 18, 9).

Das christliche Osterfeuer hat – neben der Aufnahme des alttestamentlichen Gedankengutes – die heidnischen Frühlingsfeuer ablösen sollen. Für unsere heidnischen Vorfahren war es ja keineswegs selbstverständlich, dass auf die Winternacht ein neuer Frühling folgte, dass Aussaat und Ernte wieder möglich wurden. So wurden Frühlingsfeuer zu Ehren Wotans und anderer Gottheiten abgebrannt, um auf die Äcker wieder göttliche Kraft zum Wachsen und Gedeihen der Feldfrucht herabzurufen. Mit den Feuern sollte das (Sonnen-)Licht gebannt werden; man ließ flammende Räder über die Äcker laufen, um Licht und Wärme als Garanten der Fruchtbarkeit magisch zu beschwören ...

Das christliche Osterfeuer trat also an die Stelle der heidnischen

Frühlingsfeuer, wobei alte Bräuche (wie etwa das Osterräderlaufen in Lügde/Westfalen) christliche Inhalte bekamen.

Liturgisch steht heute die Weihe des Osterfeuers am Beginn der Osternacht, der "heiligsten Nacht des Jahres". Die Geschichte dieses Feuers ist widersprüchlich und schwer zu erhellen. Um 832 war in Rom nach den alten Berichten eine österliche Feuerweihe unbekannt. Vielmehr wurde das Feuer, das am Karfreitag entzündet wurde, bis zum Karsamstag und seiner Tauffeier aufbewahrt. Andererseits sagt Papst Zacharias in einer Antwort auf eine Anfrage des heiligen Bonifatius, wie es denn mit dem "ignis paschalis", dem "Osterfeuer", zu halten sei, dass "am Gründonnerstag ... mit dem Öl der andern Lampen drei große Lampen gefüllt (würden), deren Licht bis zum dritten Tag, dem Karsamstag, aushalten muss". [4]

Von der zweiten Hälfte des 9. Jahrhunderts an findet eine Feuerweihe in Rom statt und zwar am Gründonnerstag. Dieses Feuer gibt das Licht für die Osterkerze. Schon um 1200 aber wird nur noch die Weihe des Feuers am Karsamstag erwähnt. In Deutschland gehört die Feuerweihe seit dem 11. Jahrhundert zu den Bräuchen der Karwoche. Sie fand oft am Gründonnerstag, selten am Karfreitag, meistens jedoch am Karsamstag statt. Wenn die Weihe am Gründonnerstag oder Karfreitag stattfand, so entzündete man mit einem Stein das Feuer und übertrug es auf eine Kerze, die auf einem Rohr in die Kirche getragen wurde. Sie wurde bis zum Karsamstag aufbewahrt, so dass an ihr die Osterkerze entzündet werden konnte.

Nach Rupert v. Deutz (1075/80 – 1129/30) wurde an jedem der drei Tage neues Feuer aus dem Stein geschlagen oder mittels eines Kristalls vom Sonnenlicht gewonnen. Rupert gibt auch Erklärungen: Der Kristall symbolisiere Christus, den Mittler zwischen Gott und den Menschen, insofern er der Menschheit das von ihr

Weihe des Osterfeuers

verlorene Feuer des Heiligen Geistes wieder vermittle. Der Weihe-
ort vor dem Gotteshaus mahne uns, dass wir nur bei Christus,
der uns vor den Toren Jerusalems am Kreuze erlöst hat, den Heiligen Geist finden. Rupert ist der letzte Liturge, der eine dreimalige Feuerweihe erwähnt. Danach setzt sich die alleinige Feuerweihe am Karsamstag durch.

Die Segensformel zeigt, dass die Feuersymbolik im Lauf der Geschichte auf die Lichtsymbolik eingeschränkt wurde. Das geschieht
wohl zu recht, denn das Osterfeuer ist – wie in stärkerem Maße
noch die Osterkerze – Symbol des Auferstandenen, der das Dunkel des Todes und der Sünde zerbrach und den Zugang zum un-
ausschöpflichen Licht der Herrlichkeit Gottes eröffnete. (Viele
Gläubige haben darin aber immer auch die Symbolik der wär-
menden, belebenden Macht des Auferstandenen gesehen, der den
gesamten Kosmos wieder erwärmt und zu neuem Leben und neuer
Ernte ruft.)

Die heutige Segensformel heißt: "Allmächtiger, ewiger Gott, du
hast durch Christus allen, die an dich glauben, das Licht deiner
Herrlichkeit geschenkt. Segne + dieses Feuer, das die Nacht erhellt und entflamme in uns die Sehnsucht nach dir, dem unver-
gänglichen Licht, damit wir mit reinem Herzen zum ewigen Osterfest gelangen. Darum bitten wir durch Christus, unsern Herrn.
Amen."

Am Osterfeuer wird dann die Osterkerze entzündet, so dass die
Symbolik des Feuers auf sie übergeht.

Das Osterfeuer sollte bei solcher Bedeutung ein wirkliches Feuer
sein und nicht aus ein paar brennenden Kohlen auf einem Kehr-
blech (einer Kehrschaufel o. ä.) bestehen, selbst wenn eventuell
die kostbaren Gewänder der Priester und Diakone oder auch die
der Ministrantinnen und Ministranten durch Funkenflug kleine
Schäden bekommen.

Die Gemeinde sollte sich rings um das Feuer versammeln. Dabei ist es in vielen Gemeinden üblich, dass dieses Osterfeuer schon brennt, wenn der Geistliche (die Geistlichen) und die Ministranten zum Feuer treten. Um der Symbolik willen wäre es sinnvoll, das Feuer vorzubereiten und erst durch den Geistlichen entzünden zu lassen. Das hätte auch den Vorteil, dass das Feuer im Schweigen entzündet würde.

Mit dem Osterfeuer haben sich viele Volksbräuche verbunden. So war es üblich, vor der Karsamstagsliturgie das Feuer im heimischen Herd zu löschen und mit Holz neu anzulegen. Man nahm dann einige Holz- oder Kohlenstücke des geweihten Osterfeuers mit, um damit den häuslichen Herd neu zu entzünden. Solcher Brauch schlug und schlägt (wo noch mit Holz oder Kohle geheizt oder gekocht wird) die Brücke zwischen dem Altar und der Wohnung der Gläubigen, zwischen dem Sakralen und dem Profanen und ist daher ein guter Brauch, auch wenn er kaum noch geübt wird. (Natürlich können auch die immer beliebter werdenden offenen Kamine mit solchem Feuer entzündet werden.)

In einigen Gegenden Deutschlands wurde (und wird) ein Holzstück an das Osterfeuer gelegt, das dann anbrannte (anbrennt). In der Oberpfalz hatte (hat) dieses Holzscheit den Namen "Judas". Darauf weist schon Franz unter Berufung auf Wolf und Mannhard hin: hier und da warf man eine Puppe, die den Verräter Judas bedeutete, in den "Brand". [5] Dabei wird im Oberpfälzer Brauch das Böse, Verräterische dem Ostergeheimnis "dienstbar" gemacht ("Auch das Böse muss dienen"), denn aus dem "Judas" werden später kleine Kreuze geschnitzt, die man in die Felder und Wiesen steckt, um den Segen des Auferstandenen für diese zu erflehen. Auch dies ist ein guter Brauch, wenn die Gefahr eines magischen Missbrauchs vermieden wird. [6]

DIE OSTERKERZE

Die Kerze hat teil an der allgemeinen Lichtsymbolik. Die Römer kannten sie und haben sie vielleicht von den Etruskern übernommen. Solche Kerzen wurden im Kult, vor Götterbildern und bei Begräbnissen verwendet. Im frühen christlichen Kult sind sie wohl bald Lichtsymbole gewesen, die vor allem auf biblische Aussagen zurückgingen: Joh 1, 1 ff. u. v. a. Dazu kamen alttestamentliche Aussagen wie die über die Feuersäule, in der Gott den Israeliten in der Wüste voranzog; den brennenden Dornbusch, der nicht verbrennt u. a.

In den Katakomben von Neapel finden wir schon im 5. Jahrhundert Fresken, auf denen Heilige mit brennenden Kerzen abgebildet sind, so auch in Aquileja und Afrika. Mosaiken auf christlichen Grabdeckeln aus Thabraca zeigen kunstvolle brennende Kerzen (heute im Bardo-Museum in Tunis). überhaupt war der Kerzenkult stark in Nordafrika beheimatet.

Nach Heinz-Mohr [7] sollte die Verwendung der Kerzen vielleicht deutlich machen, dass die Szene nicht auf der Erde, sondern im Himmel spielt. Die Flamme würde so zum Symbol der ewigen Klarheit des Himmels. So wird die Kerze bald auch Attribut vieler Heiliger. [8]

Es ist verständlich, dass wir sehr früh schon am Fest des Lichtes, also am Osterfest, neben dem "Osterfeuer" auch die Kerze, die "Osterkerze" finden. Sie wird erstmals erwähnt in einem Brief des heiligen Hieronymus, der solchen Brauch 384 in Piacenza vorfand. Aus diesem Brief geht jedoch auch hervor, dass Hieronymus ein Feind der damals üblichen Loblieder auf die Osterkerze war, da sie sich "in rhetorischen Formeln gefielen und in ausgedehnten Ausführungen nach Vergils Georgica das Leben und Weben der Bienen schilderten". [9] Ja, Hieronymus lehnte offenbar

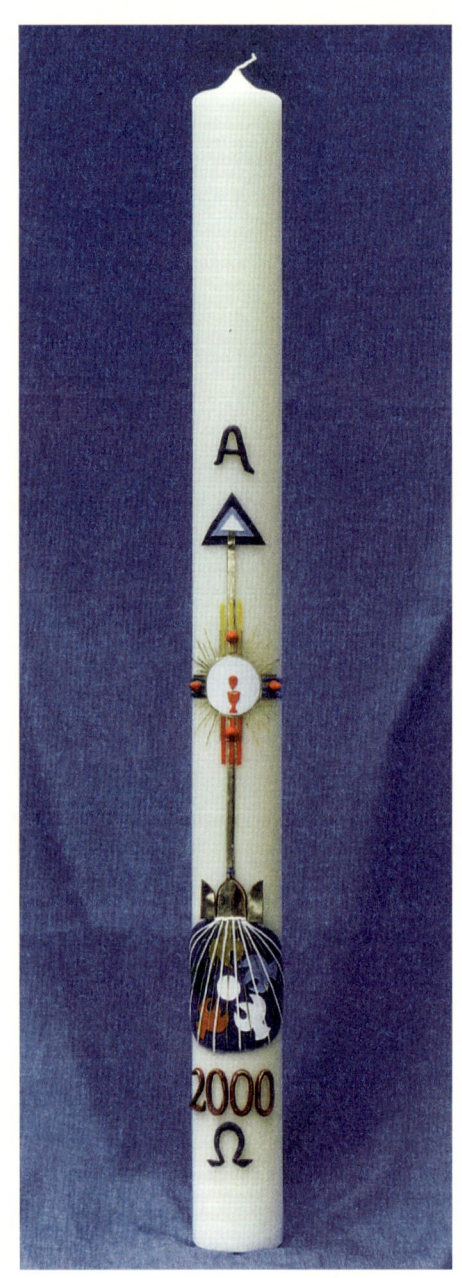

Beispiel einer Osterkerze

den Gebrauch von Kerzen überhaupt ab, da in den Schriften des Alten und des Neuen Testaments wohl von (Öl-)Lampen, nicht aber von Kerzen die Rede sei. [10] Dennoch hat sich der Brauch der Kerzen in der frühen Kirche erhalten. In Rom gab es ihn spätestens seit Papst Zosimus (417 - 418). Da an jedem Abend ein "Abendlicht" entzündet wurde, das Symbol Christi war, der die Nacht erhellen sollte, legte sich ein Osterlicht nahe, um den Sieg des Auferstandenen über den Tod darzustellen. Dabei ist die Kerze als ganze Symbol Christi. Durch die dem Wachsleib eingeritzten Buchstaben und Symbole (s. u.) ist ja auch der Wachsleib von der Kirche auf Christus gedeutet worden, der sich – wie das Wachs von der Flamme – ganz vom Vaterwillen verzehren lässt. Aus solchem Dienst erwächst die Leuchtkraft des Lichtes, das er selbst ist, in dieser Welt. In Predigt und Katechese kann dabei auch deutlich gemacht werden, dass wir, die wir uns Christen nennen, uns wie das Wachs der Osterkerze im Dienst an Christus, dem "Licht der Welt", verzehren lassen müssen.

DAS EXSULTET

Mit dem Brauch der Osterkerze verbunden ist der Preisgesang des Exsultet, durch den die Osterkerze geweiht wird. Dieses nach dem ersten Wort des sehr alten Textes "EXSULTET iam angelica turba coelorum" ("FROHLOCKET, all ihre himmlischen Chöre der Engel ...") benannte große Lob der Osterkerze war immer Darbringung und Segnung der Osterkerze. Das Lob ist in den ersten Jahrhunderten frei formuliert vorgetragen worden. Der heutige Text ist nach der Zeit des Ambrosius (339 - 397) entstanden. Es ist nicht zu beweisen, dass Ambrosius der Verfasser ist. Wir müssen (so Franz) darauf verzichten, den Verfasser und das Herkunftsland des Exsultet zu ermitteln. Vielleicht sind beide in Oberitalien oder Gallien zu suchen.

*Aufgeklapptes, brokatumhülltes Osterei mit Darstellung des Sün-
denfalls und des Osterlamms ("felix culpa")*

Der Text hat jedoch Vorläufer. Dazu gehören Hymnen aus dem ältesten uns bekannten Lobpreis auf die christliche Osternachtsfeier, der uns aus der ersten Hälfte des 4. Jahrhunderts in den Osterpredigten des Asterios Sophistes überkommen ist. Offenbar hat auch der heilige Augustinus (354 - 430) eine "laus cerei", ein "Lob auf die Osterkerze", verfasst (De civitate dei XV 22). Später – um 500 – schreibt der Diakon und spätere Bischof Ennodius von Pavia zwei wunderbare "benedictiones cerei" ("Lobpreisungen auf die Osterkerze"). Nach den ersten dieser Lobpreisungen habe die Osternacht die alte Nacht der (geistigen) Gefangenschaft verscheucht und sei zur "Mutter der Freiheit" geworden. Das Wachs der Kerze stamme von den "jungfräulichen Bienen", ihren "Docht habe das Wasser geboren, ihr Licht habe der Himmel gesandt". Keine "brüllende Kuh wird zu traurigem Tode geführt und die Lämmer werden nicht vom Messer des einem Metzger ähnlichen Priesters getroffen". Nicht "von uns", sondern "für uns" werde das Lamm geschlachtet. Am Ende des Liedes bittet der Diakon um das Gedeihen der Früchte des Feldes, um den Segen für Bischof und Klerus und um glückliche Zeiten. [11]

Durchgesetzt hat sich ab dem 7. Jahrhundert der "ambrosianische" Text. Er hat gelegentlich Auswüchse erfahren, so, wenn das "Lob der fleißigen Bienen" ausufernd besungen wurde, was (wie wir hörten) schon Hieronymus beanstandet hat, auch wenn die Bienen als Symbole Mariens angesehen wurden. Solche Auswüchse wurden später beschnitten.

Theologisch war der Passus des Exsultet umstritten, der von der "glücklichen Schuld" (felix culpa) spricht. Wie kann die Schuld des Menschen (mit all ihren furchtbaren Auswirkungen in der Menschheitsgeschichte) als "glücklich" gepriesen werden! Keiner der Theologen, welche diese Aussage dem Exsultet und damit der Liturgie der Osternacht einfügten, hat die Schuld der Menschen mit all ihren Folgen verharmlosen wollen. Sie priesen nur – in paradoxer Aussage – die Schuld "glücklich", weil um ihretwillen der Sohn Gottes unser Menschenbruder und unser Erlöser wurde. So wird in solcher Aussage nicht Schuld verharmlost oder gar gepriesen – es wird die Großtat Gottes am Menschen besonders (und sicher in "gewagter Aussage") verdeutlicht.

Der Hinweis auf die "felix culpa" ist in den anfänglichen Texten erhalten, wird aber in der zweiten Hälfte des 9. Jahrhunderts fallengelassen. Der heilige Ulrich von Zell berichtet, dass der große Abt Hugo von Cluny (1109) befohlen habe, den Passus als „ungeeignet" wegzulassen und ihn aus den Sakramentarien zu streichen. Dennoch hat sich der Vers in den meisten italienischen Sakramentarien und Missalien erhalten, fehlt aber in vielen französischen und fast durchweg in den deutschen (!) Versionen. Er wurde jedoch seit der Herausgabe des Missale Romanum (Konzil von Trient) wieder fast überall gesungen und hat sich (Gott sei Dank) bis heute behauptet. Wir möchten die tiefe theologische Aussage gerade in der Osternacht nicht missen.

Jedenfalls gehört das Exsultet zu den wunderbarsten Gesängen der Kirche. So ist es verständlich, dass man früh versucht hat, es den Laien näherzubringen, da es ja überall in lateinischer Sprache gesungen wurde, die von den meisten Gläubigen nicht verstanden wurde. So entstanden "Exsultetrollen" (rotuli), auf die über oder unter den Textversen Bilder gemalt waren, die das Besungene anschaulich machten. "Rotuli" entstammen wohl dem Bereich der Kultur des Ostens, wo sie schon zwischen dem 8. und 11. Jahrhundert in Gebrauch waren. Wahrscheinlich waren sie von Anfang an als Bildunterstützung der kirchlichen Liturgie gedacht. Die (oft wenig verstandene) Predigt sollte durch solche Rotuli begreifbar gemacht werden.

Die "Rotuli" sind um die Jahrtausendwende weit verbreitet gewesen: so in Benevent, Montecassino, Capua, Gaeta, Salerno und Bari.

28 der erhaltenen 31 Rotuli sind Hilfen zum Verständnis des Exsultet. Sie wurden vom Ambo abgerollt, während der Priester oder der Diakon das Exsultet verkündete. Damit die Gläubigen dieses Kerzenlob verstehen konnten, waren die Bilder kopfständig angebracht, so dass der Geistliche seinen Text lesen konnte, während die Gemeinde das Bild in der richtigen Dimension sah.

Eine dieser Rollen, die "Barberini Exsultetrolle" (Barb. Lat. 592) ist 1988 durch den Belser-Verlag in Zürich zugänglich gemacht worden. Diese Rolle stammt aus der Zeit des bedeutenden Abtes Desiderius von Montecassino (1058 - 1087), der von 1086 bis 1087 Papst war. Sie ist leider lückenhaft und teilweise beschädigt.

Die Themen:

fol. (Blatt) 1:
Dieses Blatt ist verlorengegangen. Es war das Frontispiz, wohl mit der Initiale E, dem thronenden Christus zwischen zwei Engeln und der Entzündung der Osterkerze.

fol. 2:
a. Die Engelscharen. Alle Engel stimmen in den österlichen Preisgesang mit ein.
b. Die nährende Erde
c. Die Mutter Kirche. Sie sammelt am herrlichen Festtag die Geistlichen und das Volk um sich.

fol. 3 (verloren):
Hier waren wohl als Zeichen göttlichen Retterwillens der Durchzug der Israeliten durch das Rote Meer und die Kreuzigung Christi dargestellt.

fol. 4:
a. Die Auferstehung Christi und seine "Höllenfahrt". Christus zerbricht die Pforten der Hölle, zertritt den Kopf des Teufels

Ausschnitt aus der Barberini-Exsultet-Rolle

und rettet die Seelen. Oben im Bild weisen Propheten auf das Lamm Gottes hin.

b. O glückliche Schuld! (Eva / Adam) Die Schuld der Stammeltern wird glücklich gepriesen, da sie uns einen solchen Erlöser schenkte.

fol. 5:

a. "Rühr mich nicht an!" ("Noli me tangere!") spricht der Auferstandene zu Maria Magdalena (Joh 20, 17).

b. Das abendlich /nächtliche, liturgische Opfer. Es wird einer der Höhepunkte der nächtlichen Feier dargestellt: der Priester entrollt vor der entzündeten Osterkerze die Exsultetrolle.

fol. 6:

Das Lob der Bienen. Mit Darstellerfreude wird die ländliche Imkerei gemalt. Die Bienen sammeln den Honig und erzeugen das Wachs der Osterkerze.

fol. 7 (verloren):

Auf diesem Blatt waren wohl eine symbolische Mariendarstellung und eine Weihe (?) der Osterkerze dargestellt.

fol. 8:

a. Der Papst (Papa) – mit der Gebärde des Segnens

b. Der Kaiser (Imperator) und einer seiner mächtigen Gefolgsleute mit Jagdfalken

Die andern Exsultetrollen dürften ähnlich gestaltet gewesen sein. Die Darstellungen greifen ohne Zweifel wesentliche Aussagen des Gesanges und damit der Osterliturgie auf. (Zur wissenschaflichen Grundlegung, zum Alter, zu Stilanalysen vgl. den der Faksimile-Ausgabe beigefügten ausgezeichneten Einführungsband.) [12)]

Die Neuordnung der Osterliturgie von 1951 hat zunächst den alten Brauch, der Osterkerze ein Kreuz mit Alpha und Omega (schon im 7. Jahrhundert in Spanien bezeugt) und der jeweiligen Jahreszahl (seit dem 9. Jahrhundert in Frankreich geübt) einzuritzen, wieder aufgenommen. [13)] Die erneut auflebende Weihe der Osterkerze (am Osterfeuer), die ein Irrtum ist, da ja diese Weihe durch das Exsultet erfolgt, ist wieder fallen gelassen worden.

Die brennende Osterkerze ist zu recht wieder zum Zentrum der Prozession geworden. Auch ist der altchristliche Brauch (Jerusalem), das Licht der Osterkerze an die Gläubigen weiterzugeben, erneut aufgelebt.

Die Prozession mit der Osterkerze hat eine dreifache Sinnschichtung:

1. Die Osterkerze erinnert an die Feuersäule, in der Jahwe seinem Volk in der Nacht der Wüste voranzog und es in die Freiheit führte (2 Mos 13, 21 f). So führt der Auferstandene sein Volk in die wahre Freiheit.

2. Sie erinnert an das Wort Jesu : "Ich bin das Licht der Welt. Wer mir nachfolgt, wird nicht in der Finsternis gehen, sondern wird das Licht des Lebens haben." (Joh 8, 12)

3. Sie erinnert daran, dass sich der Herr – wie der Wachsleib der Kerze – ganz im Dienst des Vaters verzehrt hat. Sie erinnert wohl auch an die Aufgabe der Gemeinde, sich ganz im Dienst vor Gott und den Menschen zu verzehren.

Während der Prozession mit der Osterkerze singt der Diakon (der Priester) dreimal das "lumen Christi" = "Licht, das Christus ist." Dabei werden nach dem ersten lumen Christi die Kerzen der Geistlichkeit, nach dem zweiten die der Altardiener, nach dem dritten die aller Gläubigen entzündet. Während des Exsultet brennen nur die Kerzen; erst beim Gloria des Auferstehungsamtes leuchten alle Lampen des Gotteshauses auf.

Nun haben wir bereits gesagt, dass es in der Liturgie der Osternacht keine Weiheformel für die Osterkerze (etwa am Osterfeuer) gibt. Die Weihe erfolgt seit alters durch das Exsultet (Balthasar Fischer). Wenn wir das ernstnehmen, wäre es sinnvoll, beim Einzug die brennende Osterkerze im Schweigen durch das Gotteshaus zu tragen. Nach dem Exsultet könnte dann in dreifach höherer Tonlage das "lumen Christi" angestimmt werden, wonach in der gewohnten Weise das Licht von der nun geweihten Osterkerze auf die Kerzen der Mitfeiernden übertragen würde. Nach einer längeren Stille würde dann das Gloria angestimmt. Sicher wäre das eine konsequentere Liturgie.

Trotz aller Erneuerung und theologischen Durchdringung sind die Bräuche der Osternacht heute gefährdet. Aus welchen Gründen auch immer werden das Entzünden des Osterfeuers und der Osterkerze samt der Prozession in das Gotteshaus schon auf den frühen Abend verlegt, so dass die Kerze allenfalls in eine dämmrige, nicht aber dunkle Kirche getragen wird. Nun müssen sich Bräuche gewiss dem Leben der Menschen anpassen, wenn sie überleben wollen. Aber werden hier nicht zu große Konzessionen gemacht? Denn ein gut Teil des Symbolwertes, der gerade am Osterfest so wichtig ist, geht bei einer zeitlich zu früh angesetzten Liturgie verloren. Und gerade in der Osternacht sind unsere Gläubigen bereit, auch persönliche Opfer (hier an Zeit) zu bringen.

Der frühere Brauch, die Osterkerze beim Amt des Himmelfahrttages zu löschen, ist fallen gelassen worden. Da der Auferstandene in der Weise des Geistes wieder unter uns sein und bleiben will, brennt die Osterkerze bis Pfingsten. Darüber hinaus wird sie bei Ereignissen entzündet, die für die Gemeinde oder den einzelnen besonders wichtig sind, so zur Kirchweihe, Erstkommunion u. a. ebenso wie bei Kindtaufen, Hochzeiten oder Begräbnissen. Ich entzünde in meiner Gemeinde auch zur Mette des Christfestes neben dem Adventskranz die Osterkerze, um zu zeigen, dass auch Weihnachten im Zeichen des Adventes auf die "Zweite

Weihnacht" hinweist und damit auf die endgültige Auferstehung des Menschen und des gesamten Kosmos ...

DAS OSTERLAMM

Das "Lamm Gottes" ist eines der ältesten und bedeutendsten Symbole der Christen. Die Wurzeln des Symbols liegen in der Erzählung vom Auszug aus Ägypten (2 Mos 12, 3 ff; 29, 38 f): Das Blut eines Lammes gewährt den Israeliten Schutz vor dem Zugriff Gottes, der die Erstgeburt der Ägypter schlägt. In ähnlicher Weise wird die Welt gerettet durch das Lamm, das nach der Aussage Johannes des Täufers die Sünde der Welt hinwegnimmt (Jo 1, 29. 36). Die Aussage des Jesaja (53, 7) vom leidenden Gottesknecht: "Er wurde misshandelt und niedergedrückt, aber er tat seinen Mund nicht auf. Wie ein Lamm, das man zum Schlachten führt, und wie ein Schaf angesichts seiner Scherer, tat er seinen Mund nicht auf", wurde auf den leidenden Herrn übertragen. Diese drei Sinngebungen sind die Grundlage für die mehr als dreißig Nennungen des Lammes in der Geheimen Offenbarung, wo es als das geopferte, aber dadurch siegreiche Lamm einen besonderen Rang hat.

Im Exsultet der Osternacht wird das Lamm feierlich besungen: "Gekommen ist das heilige Osterfest, an dem das WAHRE LAMM geschlachtet ward, dessen Blut die Türen der Gläubigen heiligt und das Volk bewahrt vor Tod und Verderben." (vgl. 2 Mos 12, 21 ff). In unserer Eucharistiefeier hat die dreimal gesprochene Anrufung: "LAMM GOTTES, du nimmst hinweg die Sünde der Welt; erbarme dich unser / gib uns deinen Frieden!" einen wichtigen Platz. Die gebrochene Hostie wird den Gläubigen mit den Worten gezeigt: "Seht das LAMM GOTTES, das hinwegnimmt die Sünde der Welt!". Außerdem kann der Priester hinzufügen: "Selig, die zum HOCHZEITSMAHL DES LAMMES geladen sind."

Dazu kommt, dass es wenige Kirchen gibt, in denen nicht irgendwo das Bild des "Lammes Gottes" geschnitzt oder gemalt ist.

Aber gerade an diesem so zentralen Symbol wird deutlich, wie schwierig eine Symbolvermittlung heute oft ist. Ein Symbol setzt ja die Kenntnis des Wesens des Symbolträgers voraus. Wer in unseren Gemeinden kennt aber noch Schafherden mit Lämmern? Wer erfährt erst recht, dass sich solche Lämmer oft schlachten lassen ohne Widerstand? So ist zu fragen, welchen Stellenwert das Symbol des "Lammes Gottes" überhaupt noch im Verständnis und im Frömmigkeitsleben unserer Gläubigen hat – so wichtig es auch in früheren Zeiten der Theologiegeschichte gewesen ist und bis heute bleibt.

Dabei hat gerade das "Lamm Gottes" = "Agnus Dei" (zit. A. D.) auch im Brauchtum eine wesentliche Rolle gespielt. Schon seit der Zeit des Ennodius ist bekannt, dass das von der Osterkerze herabfließende Wachs bei den Gläubigen besonders beliebt war. Sie nahmen es mit nach Hause und bewahrten es zum Schutz des Hauses, des Viehs und der eigenen Gesundheit auf. Später hat man die Osterkerze zerstückelt, oft auch auf diese Wachsmasse das Siegel eines Lammes gedrückt.

Da auch solches Wachs der zerstückelten Osterkerze bald bei weitem nicht ausreichte für die "Nachfrage" bei den Gemeinden, wurden „Osterlämmer" aus einer mit Öl vermischten Wachsmasse in der Form eines Lammes hergestellt oder auch als Wachsstückchen, denen man ein Siegel mit dem Bild des Osterlammes aufdrückte. Später wurde die Osterkerze nicht mehr zerstückelt, nur die gerade beschriebenen A. D. wurden ausgeteilt.

Nach 1378 blieb die Weihe den Päpsten vorbehalten, die sie ab etwa 1400 nur noch im ersten und danach im jeweils siebten Jahr ihres Pontifikates vornahmen. Wie wichtig den Päpsten und der Kurie diese A. D. waren, zeigt deren Weihe. Der Papst segnete zunächst das Wasser, in das er Balsam und Chrisam mit kurzen Segensformeln goss. Daraufhin weihte er durch drei Gebete die A. D., die dann in das Wasser getaucht und zum Trocknen ausgelegt wurden. Den Schluss der Weihehandlung bildeten wieder zwei Gebete des Papstes. Die Weiheformeln waren gegenüber den etwa bei der Kerzenweihe an Mariae Lichtmess gebrauchten recht lang ... "Solche Länge erklärt sich aus dem Bestreben, die segensreichen Wirkungen der A. D. zu erhöhen."[14] Durch die päpstliche Weihe steigerte sich das Ansehen der A. D. erheblich, so dass sich bald auch Missstände einstellten, die solche A. D. zu Handelsobjekten machten. Darüber kann hier nicht berichtet werden.[15]

Der Brauch hat heute weithin an Bedeutung verloren. Es gibt ihn jedoch gelegentlich auch in Deutschland noch. So gibt das "Institut der Englischen Fräulein" in Altötting Jahr für Jahr solche A. D. an die Pilger aus, sowohl in "Reliquienkapseln" als auch in sogenannten "Runderln". Bei solchen "Runderln" (mit etwa 2 cm Durchmesser) wird ein geweihtes Wachsstückchen "in Staniolpapier gewickelt, damit es nicht zerbröselt und durchfettet und dann in zwei überzogene Pappscheibchen eingenäht" (Brief an den Autor vom 22. 1. 01). Das "reinste Bienenwachs" wird offenbar vom Papst selbst geweiht, denn im Begleittext zu solchen "Runderln" von Altötting heißt es: "Bei der Segnung bedient sich der PAPST des Wassers mit Balsam und Chrisam vermischt ..."

Der "Wallfahrer" bekommt dazu eine Erklärung, die auch eine Anleitung zum rechten Gebrauch ist: "Die Weihe des A. D. findet im ersten Jahr der Regierung jedes Papstes statt. Sie werden aus reinstem Bienenwachs bereitet. Dieses Wachs wird zuerst zu einer Osterkerze in der Sixtinischen Kapelle und anderen Kirchen Roms gebraucht. Es wird das Lamm darauf geprägt, daher der Name A. D."

Bei der Segnung bedient sich der Papst des Wassers mit Balsam und Chrisam vermischt. In diese Flüssigkeit werden die A.D. eingetaucht, während der Papst zu Gott fleht, er wolle dieselben segnen, heiligen und weihen, damit die Gläubigen, die sich ihrer vertrauensvoll bedienen, folgende Gnade erlangen:

"Die bösen Geister, sowie auch Hagel und Stürme werden von ihnen ferngehalten.

Den Fallstricken und Versuchungen des Satans werden sie entgehen.

Sie werden vor dem plötzlichen Tod, vor jedem Übel bewahrt bleiben.

Groß sind die Wohltaten und Gnaden, welche die Gläubigen erhalten, wenn sie die A. D. mit wahrer Frömmigkeit tragen oder aufbewahren."

Es könnte sinnvoll sein, den Brauch der **Herstellung von Wachsosterlämmern** neu zu beleben, wenn die Gefahr des Missbrauchs vermieden wird. Von der Jugend, von der Kolpingsgemeinschaft, der KAB, dem Frauenbund könnten Wachsbilder mit dem Bild des Lammes hergestellt werden oder auch Lämmer aus Wachs. [16] Es könnte durch einen solchen Brauch das Bild des Osterlammes wieder deutlicher ins Bewusstsein unserer Gläubigen treten. Vor allem größere Agnus-Dei-Tafeln oder Wachsbilder würden dann in den Häusern an Ostern erinnern und das Haus unter den Schutz des Auferstandenen stellen, der die Hoffnung auf die eigene Auferstehung lebendig erhält. An das Bild des Lammes wird ja auch erinnert durch das gebackene Lamm, das wir am Fest inmitten der Speisen bei der Speisenweihe finden.

Vielleicht also helfen solche Osterbräuche ein wenig, das Symbol des Lammes wieder lebendiger zu machen, wenn ein solcher Brauch von einer intensiven Wortverkündigung begleitet wird. Es lohnt sich ja, wie wir gesehen haben, dieses Symbol den Gemeinden neu zu erschließen. Oder ist es – mit allen theologischen (nicht zuletzt auch liturgischen) Konsequenzen – unwiderruflich verloren?

TAUFWASSERWEIHE UND TAUFAKT

In der Osternacht als der theologisch und liturgisch bedeutendsten Nacht des Kirchenjahres bildete die Taufe der Katechumenen einen Höhepunkt. Franz kann sagen: "In der abendländischen Kirche trat bei der Feier der Ostervigil vor allem der Taufakt mit den demselben vorangehenden Zeremonien in den Vordergrund."[17] Zeremonien, also auch die Weihe des Osterfeuers und der Osterkerze, waren und sind auf diesen Taufakt hingeordnet.

Im Neuen Testament, in der Didache ("Zwölf Apostel-Lehre", die um 100 oder 150 n. Chr. geschrieben wurde) oder in anderen so frühen Quellen kennen wir eine Taufwasserweihe nicht. Sie dürfte aber schon seit der zweiten Hälfte des 2. Jahrhunderts im Gebrauch gewesen sein. Vielleicht hat hier die Auseinandersetzung mit heidnischen Initiationsriten ("Einweihungsriten" der sogenannten "Mysterienreligionen", die lebensbedrohend für die junge Kirche waren) eine Rolle gespielt.

Die Taufwasserweihe ist dann im 3./4. Jahrhundert so allgemein bekannt, dass Basilius d. Große sie sogar auf die Apostel zurückführen konnte. Sie wurde bald als notwendig für eine gültige Taufspendung betrachtet. Der Glaube an besondere Heil- und Wunderkräfte des Taufwassers war unter den Gläubigen weit verbreitet. So entsteht schon sehr früh die Sitte des **Osterwassers**, eines zu Ostern geweihten Wassers, das im Westen zunächst *nach* (also als Taufwasser), dann aber *vor* der Eingiessung der heiligen Öle (also als eigentliches "Osterwasser") an die Gläubigen verteilt wird (die damit auch gesegnet werden.). Es wird bis heute zur Besprengung von Menschen, von Haus, Hof, Feld und Vieh verwendet.

Schon seit Amalar von Metz (ca. 775 - 850) wurde die Osterkerze nicht nur auf Christus hin gedeutet, sondern auch auf den Heiligen Geist. Vielleicht war das der Anlass, dass die Osterkerze bei der Weihe des Taufwassers in dieses Wasser eingetaucht wurde

mit Worten, die heute wieder unserer Taufwasserweihe eingefügt sind: "(Durch deinen geliebten Sohn ...) steige herab in dieses Wasser die Kraft des Heiligen Geistes." Nach altkirchlicher Auffassung empfing das Taufwasser seine Kraft vom Heiligen Geist,
eine Auffassung, die unsere Liturgie heute wieder teilt: "Allmächtiger, ewiger Gott ... dieses Wasser empfange die Gnade deines
eingeborenen Sohnes vom Heiligen Geist ..." Die Gewährung der
Bitte: "Es steige herab in dieses Wasser ..." wurde durch die Geste
des Eintauchens der Kerze versinnbildlicht. (Wobei wir anneh-
men dürfen, dass diese Bitte durch ein einmaliges Eintauchen schon
sinnvoll genug dargestellt wird. Der Brauch des dreimaligen Eintauchens gehört nicht zu den frühen Bräuchen der Kirche.)

Allerdings kann der Brauch auch aus der Anschauung entstanden sein, nach der Christus durch das Hinabsteigen in den Jor-
dan bei seiner Taufe jedes Taufwasser ein für allemal geheiligt
habe.[18] Vereinzelt blieb die Meinung, mit dem Eintauchen der
Osterkerze sei die Vergebung der Sünden angedeutet. Es soll auch
nicht die Meinung verschwiegen werden, nach der im Einsenken
der Kerze eine Nachahmung der Zeugung zum neuen (Chris-
tus-)Leben angedeutet werde, so dass hier (H. Usener) der Osterkerze eine fast phallische Bedeutung zukäme. Dafür fehlen allerdings gänzlich ältere Zeugnisse.

Nach Amalar wurden bei der Bitte um das "Herabsteigen" im
Weihegebet die nicht angezündeten Kerzen der Taufbewerber in
das Wasser gesenkt, wobei nach ihm die brennende Osterkerze
Christus, die Taufkerzen den Heiligen Geist symbolisieren. In anderen Liturgien blieben – nachdem die Kerzen der Getauften an
der Osterkerze entzündet worden waren – zwei dieser Kerzen
während der gesamten Taufe im Taufbrunnen.

Wie vielfältig auch die Auslegungen sein mögen, sie alle zeigen,
dass durch die Kraft des Auferstandenen und die Kraft des Heili-

gen Geistes das Wasser der Taufe geheiligt wird, damit es für die Taufbewerber das neue Leben, das Auferstehungsleben, das Christusleben vermitteln kann. Die Taufbewerber erleben ihr persönliches Ostern mit ihrem Herrn.

Daher sollte man die Weihe des Taufwassers und, wenn es eben geht, die Taufe in der Osternacht wieder sehr ernst nehmen. Es müsste (vor allem in größeren Gemeinden) möglich sein, wenigstens eine Taufe (eines Kindes oder eines Erwachsenen) in der Osternacht zu spenden. Mögliche "Störungen" – etwa bei der Taufe eines Kleinkinds – sind mit dem Wert solcher Sakramentenspendung gar nicht zu vergleichen, und es lassen sich leicht Wege finden, sie zu minimieren. Hier sollte der Geistliche versuchen, Überzeugungsarbeit bei den Eltern (und der Gemeinde) zu leisten.

Es sollte auch genügend Osterwasser zur Verfügung stehen. Wenn uns bis heute die Weihwasserbecken im Eingang unserer Gotteshäuser daran erinnern sollen, dass wir getaufte Christen sind und dass wir reinen Herzens vor Gott hintreten wollen, so wird uns auch solches Osterwasser in besonderer Weise an Ostern und an unsere Taufe erinnern. Von Zeit zu Zeit wird es allerdings notwendig sein, den Gläubigen den darin verborgenen Sinn wieder auszulegen.

DIE SPEISENWEIHE

Der "Urbestand" einer Speisenweihe zum Osterfest war wohl die Weihe des Lammfleisches. Dazu wurden bald viele andere Speisen geweiht. Nach alten Berichten waren das: Fleisch von andern Vierfüßlern, Vögel, Milch und Milchprodukte, Butter und Käse, Eier, Brot, Kuchen, Rettiche, hier und da auch Fische. Viele dieser Speisen waren in der Fastenzeit nicht zu essen erlaubt. Die Gläubigen wollten nun neben den gleichsam "symbolhaften" Speisen

(Lamm!) die nun wieder erlaubten Speisen nur genießen, wenn sie zuvor von der Kirche geweiht worden waren. "Von der Weihe erhoffte man auch Schutz vor etwaigen schädlichen Wirkungen des lange entbehrten Genusses und die Sicherheit des Gedeihens für Leib und Seele". [19]

Das älteste Zeugnis einer solchen Speisenweihe finden wir im Sakramentar von Bobbio aus dem 7. Jahrhundert. Für Rom ist der Brauch für das 9. Jahrhundert bezeugt, ist dort aber älter. Danach erobert er sich die gesamte Kirche.

Es fehlte nicht an Gegnern. Einer davon war Walafried Strabo, der bekannte Abt der Reichenau im Bodensee, der jeden Brauch verwarf, bei dem neben den Opfergaben von Brot und Wein andere Gaben auf dem Altar "geopfert" wurden. Der Abt befürchtete also eine Vermischung solcher Speisenweihe mit der eucharistischen Handlung. Hier ging es vor allem um die Weihe des Lammfleisches, wobei oft ganze Lämmer auf den Altar gelegt wurden. [20] Für das Verständnis Ungebildeter konnte der Abt recht haben, zumal die Weihe des Lammfleisches gegen Ende des Hochgebetes erfolgte.

Um Missverständnissen vorzubeugen, hat man später (offenbar von Rom aus) angeordnet, dass solche Osterlammweihe nur an einem gewöhnlichen Tisch erfolgen dürfe.

In Augsburg ist zum ersten Mal vom Schinken (später wird er als "Westfälischer Schinken" bezeichnet) bei der Speisenweihe die Rede. Das Lamm nahm aber lange eine bevorzugte Stelle ein. Die Knochen des gesegneten Lammes etwa wurden in Bayern getrocknet und zu Pulver gestoßen, das dann als Heilmittel bei frischen Wunden gebraucht wurde.

In einer Hofhaltungsrechnung der Straubinger Herzöge von 1389 ist die zu dieser Zeit bekannte Zusammensetzung der Osterspeisen genannt: ein Rankerl Geräucherts (Osterschinken); eine dicke

Speisenkörbe, vorbereitet für die österliche Speisenweihe

Scheibe Osterfladen (aus feinem Hefeteig); Butter (in frischen Kräutern gewälzt); etwas Salz; Kren (Meerrettich); nicht zuletzt ein rot gefärbtes Osterei. Über den Speisen thronte das (gebackene) Lamm mit der Auferstehungsfahne. [21]

Gerade der Brauch der Speisenweihe, der in vielen Gemeinden wieder sehr beliebt ist, schlägt die Brücke zwischen dem Altar und dem häuslichen Tisch. Er zeigt uns aber auch (was wir zu vergessen scheinen), dass alle unsere Gaben zu verdanken sind, dass wir sie demütig und dankbar zu empfangen haben. [22]

Dennoch ist bei einer österlichen Speisenweihe mehr im Spiel. Nach Mk 2, 18 ff ist unser Fasten als "Trauerfasten" deklariert. Der Bräutigam ist uns genommen – daher fasten wir. Das Osterfest ist nun Präfiguration, Vorausbild des Reiches Gottes der Endzeit. So wird auch gerade das österliche Mahl Bild des endzeitlichen Mahles, bei dem wir mit allen Heiligen "zu Tisch liegen" werden in vollendeter Gemeinschaft (vgl. Jes 25, 6 ff; Lk 22, 30 u. ö.). Daran sollte nicht zuletzt das österliche Frühstück erinnern, bei dem wir "im Aufgang des Lichtes", des "neuen Tages", nur geweihte Speisen essen sollten. Wir danken für die Gaben und für die Großtaten Gottes, die uns in der Osternacht feierlich zugeeignet wurden, Großtaten an uns und der Schöpfung, und wir bitten in froher Gemeinschaft darum, dass sich das jährliche Osterfest einst vollende im Fest des Reiches Gottes der Endzeit.

DAS OSTEREI

Dem Osterei, das schon unter den geweihten Osterspeisen genannt wurde, muss wegen seiner großen Bedeutung für das Osterbrauchtum ein eigenes Kapitel gewidmet werden.

Die Bezeichnung "Osterei" ist nach Grimm [23] schon für die Jahre 1407 und 1456 belegt. Gemeint ist aber eindeutig das Zinsei, das

*Osterei mit Osterlamm, Auferstehungsfahne und dem "Buch mit
sieben Siegeln" der Geheimen Offenbarung*

mit anderen Abgaben an die Grundeigentümer gegen Ostern entrichtet werden musste. [24)] Auch die Eier, die als Entgelt für die Abnahme der Osterbeichte ("Beichteier"); für das Osterwasser ("Taufeier") oder für das "Ratschen" der Buben ("Klappereier") gegeben wurden, sind nicht "Ostereier" gewesen. Sie wurden meines Wissens auch nicht bemalt.

Bemalte Eier zum Osterfest finden wir allerdings schon früh, ohne dass die Bezeichnung "Osterei" auftaucht. So gibt es bereits 1389 rot gefärbte Eier unter den geweihten Speisen der Straubinger Herzöge. Gefärbte Eier werden schon im frühen 13. Jahrhundert bei Freidank erwähnt. Sie sind auch schon für das 10./11. Jahrhundert durch Gräberfunde aus der deutsch-polnischen Grenzzone nachgewiesen (Lurker). Nach Schönfelder soll man in Steinsärgen aus der Zeit um 340 n. Chr. gefärbte und mit Blumen verzierte Eier gefunden haben. Wann der Name "Osterei" zum ersten Mal gebraucht wird, wissen wir nicht.

Gefärbte Frühlingseier sind nach einigen Brauchtumsforschern schon vor 5000 Jahren in China bekannt gewesen. Ägypter wie Germanen hätten solche Eier als Fruchtbarkeitssymbole verschenkt. Nach Schönfeld hätten die "Jungfrauen in Armenien schon in den frühesten christlichen Jahrhunderten Eier geschenkt bekommen und zwar als Erinnerung an die frommen Frauen, die Jesus mit Josef von Arimathäa ins Felsengrab legten und für ihn Spezereien und Salben bereiteten." [25)]

Man hat den Brauch der **Eierweihe** aus germanischen Volksbräuchen ableiten wollen. Die Eier sollen einer Göttin "Ostara" heilig gewesen sein. Man habe sie zu Ehren Donars rot, zu Ehren der Ostara gelb (golden) gefärbt.

Aber gerade hier ist die Beweislage schwierig. Nicht einmal die Existenz einer Göttin Ostara ist nachgewiesen. Es wird in einer einzigen Stelle (ohne Beleg) von Beda Venerabilis eine Göttin Eostra genannt, welche die Brüder Grimm dann zu einer deutschen Göttin Ostara machten.

Sicher ist allein, dass Eier schon immer eine besondere Bedeutung für Frühlingsfeste usw. hatten, da sie bei allen Völkern als Lebenssymbole, als Symbole des neu erwachten Lebens (nach den oft sehr harten Wintern) angesehen wurden. So finden wir das Ei in den Weltentstehungsmythen vieler Völker (Griechen, Inder, Japaner, Polynesier …). Der erste Gott (Sonnengott?) entstand nach ägyptischer Überlieferung aus einem im Sumpfland verborgenen Ei. Im Nilland war das Ei auch Symbol des Weiterlebens nach dem Tode. Überhaupt spielte das Ei im antiken Totenkult eine große Rolle.

So hat das Eisymbol zwar einen großen mythengeschichtlichen Hintergrund; wenn wir aber ehrlich argumentieren wollen, hat die Eierweihe in der Kirche primär wohl den selben Ursprung wie die Weihe der übrigen österlichen Speisen: was so lange als Speise verboten war, sollte nun zunächst gesegnet, dann verzehrt werden. Wenn nach Moser der Genuss von Eiern in der "Fastenzeit" schon im 7./8. nachchristlichen Jahrhundert verboten war [26], darf eine Eierweihe zu Ostern für diese Zeit vermutet werden. Seit dem 12. Jahrhundert finden wir eine solche Weihe in den meisten Ritualien. Der Weihetext hat sich im wesentlichen bis heute erhalten. Der ursprüngliche Weihetext hieß: "Wir bitten dich, Herr, dass die Gnade deines Segens diesen Eiern, die du gewürdigt hast, die Küken der Hennen hervorzubringen, helfe, dass sie deinen Gläubigen beim Verzehr aus Wirkung deiner Gnaden zur heilbringenden Speise werde." Das Rituale Romanum hat den Hinweis auf die Aufgabe der Eier, Küken hervorzubringen, gestrichen und durch: "… ob resurrectionem Domini nostri Jesu Christi" ersetzt, so dass die Ostereier nun zur "heilbringenden Speise wegen der Auferstehung unseres Herrn Jesus Christus" werden sollen.

Sicher hat dabei die Lebenssymbolik des Eies eine große Rolle gespielt, die wir sehr betonen sollten. Fragwürdig sind dagegen manche theologische Deutungen des Ei-Symbols im Lauf der Geschichte. Danach sei die Schale des Eies auf das Alte Testament zu deuten, das Innere auf das Neue Testament usw.

Für uns bleibt das Ei Symbol des Lebens aus dem scheinbar Toten und daher vor allem Symbol des Auferstandenen.

Das Osterei hat für eine Vielzahl von Bräuchen eine Rolle gespielt. So wurden für die Speisenweihe und für das Essen der Ostereier "Antlasseier" bevorzugt, also solche, die am Gründonnerstag gelegt worden waren. Sie wurden im Acker vergraben und unter die Saat gegeben, um das Wachstum zu fördern. So wurden sie auch in die erste Erntegarbe gelegt, um Fruchtbarkeit für das neue Jahr zu sichern. Die Schalen der geweihten Eier streute man mit der Asche des Osterfeuers auf die Äcker. [27]

Der Brauch, Ostereier zu färben und zur Verstärkung der Symbolik etwa an (in der Wärme des Hauses oder der Kirche schnell ausschlagende) Forsythien- oder Birkenzweige (mit "Palmkätzchen") zu hängen, hat sich bis heute erhalten. Allerdings ist die Entwicklung sehr unterschiedlich gewesen. So schreibt Haider [28]: "Vor dem ersten Weltkrieg war das Eierfärben im Außerfern, im Zillertal, auf dem Salten, auf dem Ritten und im Vinschgau unbekannt. Hier wurden weiße Eier gegeben." Und er schreibt (1990!) auch: "Ein handverziertes Osterei hat heute Seltenheitswert."

Die Bräuche rings um das Osterei sind sehr gefährdet. Zunächst verlieren sie ihren Bezug zu Ostern dadurch, dass von Weihnachten an buntgefärbte (Oster-)Eier auf allen Ladentischen stehen und an Zweigen hängen. Dazu kommt die Massenfärbung vor Ostern: rot, grün, blau. Sonst grassiert der Kitsch: flötende Faune, die auf Böcken reiten; vor allem aber Hasen in jeder Aufmachung und Stellung ....

Unsere Gemeinden nehmen sich leider kaum noch die Zeit, individuelle Ostereier zu gestalten, etwa Ostereier mit theologisch bedeutsamen Motiven. [29] Dabei würden sich Symbole nahelegen: Lamm, Kerze, Christuszeichen, der Auferstandene mit der Siegesfahne, nicht zuletzt die Bilder von Raupe und Schmetterling, die zu den eindrucksvollsten Ostersymbolen gehören. Das in diesem Buch aufgenommene Bild zeigt ein mit Brokat umhülltes Ei, dessen Inneres zum einen die Darstellung des Sündenfalls zeigt, zum andern das Osterlamm, das "die Sünde der Welt hinwegnimmt".

Gruppen in der Pfarrei sollten beim Gestalten von Ostereiern eine Vorreiterrolle übernehmen und solche Ostereier in der Kirche, in Pfarrheimen, in kleineren Ausstellungen den Gemeinden vorstellen. Rühmend erwähnt seien viele Schulen und Kindergärten, die z. T. hervorragende Ostereier gestalten.

Wenn man Birkenzweige früh genug in der Kirche aufstellt, kann man zum Fest besonders schöne Ostereier mit guten Motiven an die grünenden Zweige hängen. Sie sollten die Namen der Familien tragen, die sie gestaltet haben, so dass diese "beim Altar" versammelt sind. Ein solcher "Familienbaum" ist in der Gemeinde bald beliebt. Wo immer schon Forsythien aufgeblüht sind, wäre es sinnvoll, blühende Forsythienzweige als "Familienbaum" aufzustellen.

Man kann auch Grassamen oder Getreidekörner frühzeitig in eine große Schale säen, so dass man zu Ostern ein grünes Beet hat, in das Ostereier gelegt werden. Daran wird (wie bei den grünenden Birkenzweigen) eine doppelte Lebenssymbolik deutlich.

Da es offenbar immer schwerer wird, Symbole noch zu "schauen", zu "erfahren", wären Vorbereitungen gerade für das rechte Verständnis der Symbolkraft des Ostereies notwendig. Hilfreich wäre hier (etwa in Kindergärten und Schulen), das "Ausbrüten" von Froschlaich in Aquarien. (Die Kaulquappen und kleinen Frösche sollten danach – in Zusammenarbeit mit Naturschützern – in die Bäche oder Teiche der Umgebung zurückgesetzt werden.) Besser wäre sicher in Schulen und Kindergärten das Ausbrüten von befruchteten Eiern (Hühner-, Zwerghühner-, Taubeneier) in (relativ billig zu erwerbenden) einfachen Brutapparaten. Wer es einmal durchgeführt hat, weiß, wie nachhaltig das Erlebnis auf Kinder wirkt, wenn plötzlich ein Küken die Schale sprengt. In einer Klasse mit schwerst behinderten Kindern in Aachen gelang es einmal, ein Küken zu erbrüten. Als nach fünf Jahren Schulzeit in dieser Klasse nach dem "schönsten Erlebnis" dieser Jahre gefragt wurde, nannte die Hälfte der Schüler die "Geburt" des Kükens.

Auch Besuche bei Geflügelzüchtern, Taubenliebhabern usw. können nachhaltige Wirkung haben, ebenso wie ein Film über das Verpuppen einer Raupe und deren Geburt zum Schmetterling.

Bis heute ist es üblich, Ostereier zu verschenken. Das ist ein Ausdruck der Festfreude, die wir mit anderen teilen wollen; es ist jedoch auch eine Möglichkeit, durch gut gestaltete Ostereier christliches Gedankengut wieder zu verbreiten und deutlich zu machen.

DER OSTERVOGEL

In einem Bauernhaus der Eifel fand ich in der Osterzeit einen geschnitzten Vogel (taubenähnlich), der von der Decke herabschwebte. Über den Sinn konnten mir die Bewohner nichts sagen. Es sei halt ein alter Brauch. Nach Wuttke [30] "pflegte zur Osterzeit über dem Tisch (sächsischer Bauernhäuser) ein kreuzförmiges Gestell an dem Deckenunterzug befestigt zu sein, an dem kunstvoll bemalte Eier hingen, auch überschwebte den Tisch oft eine aus Holz geschnitzte Taube, in welcher man das Symbol des Frie-

Schwebender Ostervogel

dens zu erblicken meinte." Nach Sartori "war in der Pfalz und im Hunsrück der Ostervogel üblich, ein ausgeblasenes, großes Ei, oft ein Gänseei, mit farbigen Papierflügeln versehen und als Deckengehänge verwendet." [31]

Gewiß kann in Sachsen eine Art "Pfingstvogel" gemeint gewesen sein (Taube), so dass die Brücke zwischen Ostern und Pfingsten geschlagen würde; wahrscheinlicher ist, dass auch hier (wie offenbar in der Pfalz und im Hunsrück) ein "Ostervogel" dargestellt war. Der Symbolgehalt ist deutlich: "Das Leben bekommt Flügel, eine 'beschwingte' Osterfreude ist in Familie und Haus gegenwärtig." [32] Der Brauch ist offenbar weithin verlorengegangen. Seine Wiederbelebung wäre wichtig.

Solche Ostervögel könnten mit Gruppen von Kindern und Jugendlichen ebenso hergestellt werden wie mit Gruppen von Erwachsenen. Dabei sollten, wo es möglich ist, ausgeblasene Eier verwendet werden, die ja bei der Herstellung von Osterspeisen oft anfallen. Vor allem Kinder würden so wieder das Umgehen mit dem Feinen, Zerbrechlichen lernen. Wo das nicht möglich ist, kann natürlich ein eiförmiger Kern aus anderen Materialien genommen werden, an dem die Flügel, der Kopf und der Schwanz mit feinen Blumendrähten o. a. befestigt werden. Der Phantasie bei der Gestaltung sind kaum Grenzen gesetzt.

Lene Mayer-Skumanz, die bekannte österreichische Kinder- und Jugendbuchautorin, hat ein Buch mit dem Titel "Der Ostervogel", geschrieben. [33] In einem Gedicht gibt sie eine Sinndeutung dieses Vogels:

"Ich habe Ostervögel gebastelt, große und kleine,
aus Styropor und Federn und allerlei Resten.
Sie wiegen sich auf Flügeln aus Seidenpapier,
spreizen die bunten Fächerschwänze
und schweben an feinen Fäden

von der Decke herab.
Such dir den schönsten aus!
Für einen kleinen Ostervogel
genügt ein Palmkätzchenzweig,
aber den großen musst du vors Fenster
über den Schreibtisch hängen!
Lass ihn dort fliegen bis Pfingsten,
den Freudenvogel, den Sehnsuchtsvogel,
den Hoffnungsvogel, den Lebensvogel.
Er ist aus dem Ei gekrochen
wie aus der dämmrigen Höhle,
wie aus dem dunklen Grab, und hat im Licht die Flügel gebreitet.
Das Leben bekommt Flügel, das ist es,
was dir mein Ostervogel sagt."

Einige der Ostervögel bleiben das Jahr über in den Zimmern hängen. So wie jeder Sonntag ein "Klein-Pascha" ist, ein "kleines Osterfest", so sollen uns die Ostervögel an das Hauptfest unseres Glaubens, an Ostern, erinnern; und die "beschwingte" (also "beflügelte") Osterfreude sollte unser Leben begleiten. [34]

EXKURS:

DER OSTERHASE

Im Zusammenhang der Überlegungen dieses Buches ist der "Osterhase" ziemlich unwichtig. In unserer, immer säkularer werdenden Zeit aber ist er für sehr viele Menschen der wichtigste Brauch zu Ostern geworden – vor allem für Kinder. Darum müssen wir hier auf ihn eingehen.

Der Osterhase ist (wie der "Weihnachtsmann") eigenartig "geschichtslos". Die meines Wissens erste Nennung geschieht in der Heidelberger Dissertation von Johannes Richier aus dem Jahre 1682. Dort heißt es: "In Oberdeutschland, in unserer Pfalzgrafschaft, im Elsaß und benachbarten Gegenden sowie in Westfalen werden solche Eier "Haseneier" genannt, nach der Fabel, die man Naiveren und den Kindern einprägt, dass der Osterhase solche Eier lege und in den Gärten im Grase, in den Obststräuchern usw. verstecke, damit sie von den Knaben um so eifriger gesucht würden, zum Lachen und zur Freude der Älteren." [35] Der Osterhase hatte dabei Konkurrenten: in einigen Kantonen der Schweiz brachte die Eier der Kuckuck, in Thüringen der Storch, in Westfalen stellenweise der Fuchs, in Holstein und Sachsen der Hahn ... [36]

Während der Osterhase im 18. Jahrhundert noch wenig bekannt war, wird er im 19. und erst recht im 20. Jahrhundert zu einem der bekanntesten Osterbräuche. Sicher hat er dabei in Bäckereien und Konditoreien wichtige Propagandastationen gehabt (Moser). Denken wir aber auch an die Kinderbuchillustrationen des Franz von Pocci und die Bildpostkarten, die um die Jahrhundertwende einen wahren "Absatzrekord" erlebten. Sie "enthalten die ganze Trivialikonographie, die sich im Umkreis des neuen Brauches entwickelt hat ... [37] Wesentlicher aber war wohl das stärkere Eingehen auf das Kind ("Jahrhundert des Kindes"), um ihm Freude zu bereiten. Sicher hat auch die fortschreitende Säkularisierung eine Rolle gespielt. Totalitären Systemen war ein Osterhase ohnehin willkommen, um das entscheidende christliche Symbol, das Osterlamm, zu verdrängen.

Wie es zum "Osterhasen" kommen konnte, bleibt ungeklärt. Der Hase ist im frühen Christentum teils Symbol des flüchtigen Lebens (als solcher ist er wohl auf vielen Schöpfungsbildern zu finden), teils Lichtsymbol, ohne dass die Symbolik erklärt wird. Vielleicht hat die Beobachtung eine Rolle gespielt, dass dem Hasen die Augenlider fehlen und er so ständig dem Licht zugewandt ist und als nicht schlafend gilt. Nach Ambrosius ist er Bild der Auferstehung, da er um Ostern seine Farbe wechsle, eine Tatsache, die jedoch nur für den Schneehasen zutrifft. In der mittelalterlichen Ikonographie ist er u. a. Symbol des Lichtes (eine Symbolik, die vielleicht schon dem berühmten "Hasenfenster" des Paderborner Domes zugrundeliegt), gelegentlich auch Bild der Auferstehung (wie im Baptisterium und im Dom zu Pisa oder in St. Andrea zu Pistoia). [38]

Aber das alles hat kaum zum "Osterhasen" geführt. Als Auferstehungssymbol wird er sehr selten genannt. [39] Frühe Brücken zur christlichen Deutung eines "Osterhasen" fehlen. Möglich ist, dass der Hase mit Ostern in Verbindung kam, weil früher zur Osterzeit sehr viele Junghasen die Natur belebten und somit ein Bild des neuen Lebens nach der Winternacht waren (der Hase galt ja stets als ein Symbol der Fruchtbarkeit). Dennoch liegt die Annahme näher, dass die Gründe auch hier prosaischer waren: Der Gründonnerstag war Zinstag für die Bauern; und unter den Realabgaben an die Grundherren war – wie alte Bilder zeigen – auch der Hase, der so mit Ostern in Verbindung kam (wobei allerdings die "Brücken" zu einer theologischen Deutung auch hier fehlen).

Heute wird in christlichen und nichtchristlichen Familien den jüngeren Kindern vom Osterhasen und seiner "Tätigkeit" erzählt. Tun die Eltern (und älteren Geschwister) es nicht, wird im Kindergarten oder in der Schule von ihm berichtet.

Vielleicht überschätzen wir seine negative Bedeutung. Der Osterhase hat märchenhaft-kindertümliche Züge, die Kinder lieben. Wenn Kinder älter werden, werden sie ohnehin mit dem Osterhasen nicht mehr viel anfangen können (bis sie selbst wieder Kinder haben). Wenn dann in der Kindheit die echten Ostersymbole grundgelegt worden sind, kann den Heranwachsenden ein neuer Zugang zum Fest eröffnet werden. Hier haben wir also das genuin christliche Brauchtum den Kindern stärker nahe zu bringen und auf den "kairos" zu warten, dass Kinder den Osterhasen ablehnen. Dabei sollte darauf geachtet werden, dass der Osterhase nicht auf Ostereiern, Osterfahnen usw. auftaucht (vor allem nicht auf jenen, die in die Kirche getragen werden.)

Für Erwachsene spielt der Osterhase eine geringere Rolle. Bemalte Ostereier, Osterkörbe etc. aber zeigen, wie sehr er mit Ostern assoziiert wird. Er hat weithin das eigentliche Ostersymbol, nämlich das des Lammes, verdrängt. Daher sollte in Predigten und Katechesen seine geringe theologische Bedeutung für das Osterfest aufgewiesen werden. Ich halte es für falsch, ihn aus pragmatischen Gründen zum Symbol des Auferstandenen zu machen, was er bei ehrlichem Nachdenken nicht ist.

ANMERKUNGEN ZUM VORWORT

1 Wir sind nach wie vor in der Gefahr, das Brauchtum als etwas Sekundäres anzusehen. Die Gefahr ist angedeutet, wenn ein bekannter Kardinal (beim Blick auf die Sakramentenspendung) jüngst fragte: "Haben wir das Christentum in unserm Land so verflacht, dass es in Gefahr ist, zum Brauchtum zu verkommen? Wobei ich Brauchtum nicht grundsätzlich als etwas Schlechtes bezeichnen möchte." Gewiss – der Kardinal hatte hier wohl prunkvolle Erstkommunionen, Firmungen, Trauungen vor Augen, bei denen es weniger auf den Empfang des Sakramentes ankommt als auf die Folklore. Dennoch ist die Gefahr da, dass solche Aussagen als grundsätzliche Beurteilungen gewertet werden. Dann aber wäre es schlimm, wenn in keiner Weise Unterscheidungen gemacht würden; wenn Folklore und genuines Brauchtum ineinanderfielen … Ist das Christentum "verkommen", wenn in der Osternacht das Osterfeuer und die Osterkerze entzündet werden?

Der Kardinal würde hier gewiss differenzieren – aber die Missachtung, die falsche Einordnung des Brauchtums bleiben. Auch darin sind (ich sage das mit großem Ernst) Wurzeln der Entchristlichung unserer Zeit zu suchen.

2 H. Kirchhoff, Christliches Brauchtum / Feste und Bräuche im Jahreskreis, München [3]1998, 16

ANMERKUNGEN ZUM GRÜNDONNERSTAG

1 Wer sich eingehender mit den zunächst zu erörternden Problemen befassen will, sei auf das – allerdings schwer zu lesende – Buch von F. Bammel verwiesen, das 1950 unter dem Titel: "Das Heilige Mahl im Glauben der Völker" in Gütersloh erschienen ist.

2 Vgl. Bammel, a.a.O., 126 ff. u. ö.

3 H. Kahlefeld, Das Abschiedsmahl Jesu und die Eucharistie der Kirche, Frankfurt/ Main, [2]1981, 96

4 Es muss allerdings gesagt werden, dass solche Eucharistiefeiern dann mit wechselnden Gemeinschaften gefeiert werden, was sicher ein nicht geringes Manko ist.

5 Christ in der Gegenwart, Jahrg. 53 / 22, 178

6   "Bräuche", wie: am Gründonnerstag nur "Grünes" zu essen, können wohl kaum zum echten Brauchtum gerechnet werden, selbst wenn das frische Grün der Wiesen und Gärten nach der Winterzeit als Zeichen neuen Lebens gedeutet werden könnte.

7   In der Diskussion um eine gemeinsame Abendmahlsfeier der Kirchen (vgl. die entsprechenden Diskussionen um eine solche Feier auf dem Evangelischen Kirchentag in Berlin) hat Hanna-Renate Laurien vom Zentralkomitee der deutschen Katholiken einen interessanten Vorschlag gemacht. Sie schlägt vor, einen ökumenischen Wortgottesdienst mit einer "Liturgie der Fußwaschung" zu feiern. Darin könnten die katholischen Bischöfe ihren evangelischen Amtsbrüdern die Füße waschen und umgekehrt. Auch dann bleibt die Frage nach der Aussagekraft eines solchen Brauches heute – dennoch würden ein Dienst aneinander, eine große Brüderlichkeit ergreifend deutlich werden. (Christ in der Gegenwart, 53/24, 194) So könnten vielleicht auch Möglichkeiten gefunden werden, dem Brauch in den Gemeinden wieder einen guten, überzeugenden Sinn zu geben. Sicher müsste der Brauch aber intensiv gedeutet werden.

8   Hingewiesen sei allerdings darauf, dass schon Amalar von Metz (vor 850) glaubte, dass "hölzerne Klappern" (die also sehr alt sind) besser die "demütige Selbstentäußerung" des Herrn andeuteten. Das ist eine sehr subjektive Deutung, die jedoch als eines der wenigen Zeugnisse für ein Schweigen der liturgischen Geräte hier angeführt werden soll.

9   Es ist eingewandt worden, dass die "äußere Festfeier" des Gründonnerstags der Fronleichnamstag ist. Aber ich kann die Festfeier des Todes und der Herrlichkeit des Herrn in der Eucharistie primär nur am Gründonnerstag begehen. In unserem Verständnis des Kirchenjahres ist an diesem Tag und Fest das "Gedenken" des Abschiedsmahles wirkmächtige Gegenwart, ist der Auftrag: "Tut dies zu meinem Gedächtnis" heilige Gegenwart in der Gemeinde. An diesem Gedenken haben dann die Eucharistiefeiern des Jahres Anteil.

Am Fronleichnamsfest mit seinen Prozessionen soll der Herr in der Brotgestalt durch die Straßen der Gemeinden, durch die Fluren und Felder getragen werden, so dass an diesem Tage auf die umfassende Botschaft der Eucharistie öffentlich hingewiesen, zum "Herrn der Eucharistie" öffentlich gebetet wird.

10 Auf das Lesen meines Manuskriptes hin schrieb mir ein Freund: "Die Trennung der Eucharistiefeier von der Agapefeier beleuchtet auf ihre Weise, dass das liturgische Mahl im wörtlichen Sinne kein Mahl mehr

ist. Die Trennung müsste dem, der den alten Mahlcharakter wieder betonen will, also wehtun." Das ist zweifellos richtig, aber der Mahlcharakter wird wohl noch für lange Zeit in der Feier der Eucharistie nicht dominant sein. Agapefeiern der genannten Art können in Verbindung mit der Eucharistie helfen, deren Mahlcharakter wieder stärker zu betonen.

ANMERKUNGEN ZUM KARFREITAG

1   Bei solcher Suche nach Antworten sollten wir stets das Wort Jürgen Moltmanns bedenken: "Am Kreuz (werden) alle theologischen Antworten zu vorläufigen Hinweisen auf das Kommen des Gottes, der allein die Antwort sein kann." Und auch das andere: "Entweder ist Jesu Kreuz das christliche Ende jeder Theologie oder der Anfang einer spezifisch christlichen Theologie."

2   Es muss in Karfreitagspredigten und -unterweisungen deutlich werden, was die Ablehnung Gottes, die Verweigerung des Glaubens bedeuten. Die 6 Millionen ermordeter Juden (man braucht bei einem 8-Stunden-Tag fast zwei Jahre, um sie nur zu zählen, wobei bei jeder Zahl ein Mensch einen einsamen, unendlich qualvollen Tod gestorben ist), alle Opfer menschlicher Bosheit und menschlichen Hasses wären sinnlos gestorben. Einer Menschheit, die solche Untaten nicht verdrängt, sondern die um ihrer willen verzweifelt ist, bleibt nur der Glaube, bleibt nur die Hoffnung auf die Vollendung der Opfer, um weiterleben zu können.

3   J. Ratzinger, Einführung in das Christentum, München 1968, 240 f.

4   Nachdem ich meine Gedanken zum Karfreitag niedergeschrieben hatte, las ich in der Autobiographie Elie Wiesels "Alle Flüsse fließen ins Meer" (Hamburg 1995) den Kurzartikel: "Der leidende Gott" (140-143). Von der Kreuzestheologie aus können wir Wiesels Gedanken mutatis mutandis voll bejahen. Für uns Christen öffnen sich seine Gedanken auf den Karfreitag hin. So etwa sein Wort: "Wie die Not der Schechina (= der Gegenwart Gottes) den Kindern Israels unerträglich ist, so zerreißen die Leiden Israels der Schechina das Herz. Handelt es sich um eine Art göttliches Mitleiden? Oder um eine Verbundenheit Gottes mit den Menschen? Was uns zustößt, lässt ihn nicht unberührt. Was ihm wi-

derfährt, betrifft uns. Wir gehen den gleichen Weg ... leiden aus denselben Gründen und geben unserer gemeinsamen Hoffnung denselben Stellenwert." – "Wir wissen, dass Gott leidet, weil er es uns bereitwillig wissen lässt." (140 f.)

Vgl. auch das leidenschaftliche Aufbegehren wichtiger Rabbiner gegen das Leid ihres Volkes, wie es Wiesel in seinem Buch: "Chassidismus – ein Fest für das Leben" (Freiburg u.a., 1988) aufgeschrieben hat. Leitmotivisch bleibt dabei jedoch immer das, was man vom Rabbi Levi Jitzchak von Berditschew sagen konnte: "Er liebte es zu beweisen, dass man Jude sein konnte mit Gott, in Gott und sogar gegen Gott; nicht aber ohne Gott." (113)

5   Eingehende Hinweise bei H. Kirchhoff, a.a.O., 97 ff.

6   Eine solche 15. Station, deren Texte ebenfalls mit der Jugend und anderen Gruppen erarbeitet werden sollten, könnte vor dem Hochaltar der Kirche oder einem anderen geeigneten Altar gebetet werden.

7   Alle Bilder dieses Heilsweges sind im Kirchenführer der Pfarre St. Michael in Amberg dargestellt. Dias des Heilsweges sind über STD Heiner Wittmann, Sebastian Kneipp-Str. 33 in 92224 Amberg zu beziehen.

8   Die Form der Kreuzverehrung ist in den Gemeinden verschieden. Die alte, lange geübte Form war die dreimalige Kniebeuge vor dem Kreuz, wobei der Verehrende sich nach der dritten Kniebeuge auf dem Boden ausstreckte und die Fußwunde des Herrn küsste. Damit war die "Proskynesis" aufgegriffen, bei der sich früher Diener, Untergebene, Gesandte vor dem Herrscher ausstreckten, um ihm zu huldigen. Aber solche Proskynesis ist heute in unserm Kulturraum unbekannt, wenn auch als Brauch noch aussagekräftig. Auch das Küssen der Fußwunde löst oft Befremden aus, obwohl gerade dadurch die Verehrung des leidenden Herrn deutlich werden sollte.

     Am sinnvollsten ist es heute wohl, dass sich der Verehrende – vor allem, wenn die ganze Gemeinde an der Verehrung teilnimmt – mit einer Kniebeuge begnügt. Es kommt darauf an, mit welcher Ehrfurcht sie vollzogen wird.

9   Das gilt vor allem für den Fall, dass an die Stelle von Anbetungsstunden am Gründonnerstag die genannte Agapefeier tritt. Vgl. das erste Kapitel dieses Buches.

10   Zur Geschichte und zur Theologie des Angelus vgl. Kirchhoff, Grundgebete der Christen, München 1998, 79 ff. Es wäre natürlich auch sinnvoll, wenn die Seelsorger oder einzelne Gruppen besondere Kurzandach-

ten zu Themen des Karfreitags und des Karsamstags für solche Straßengebete erstellten.

ANMERKUNGEN ZUM KARSAMSTAG

1   Der vielgebrauchte, offiziell anerkannte "Volksschott" gibt den entsprechenden Glaubensartikel des "Apostolischen Glaubensbekenntnisses": "descendit ad inferos" in der hier von uns gebrauchten Übersetzung wieder. Die oft noch gebrauchte Übersetzung: "Abgestiegen zur Hölle" (oder "Unterwelt = Scheol") gibt zu vielen Missverständnissen Anlass und bedürfte eingehender Erörterungen.

2   a.a.O., 242 f.

3   Es bleibt eine sprachliche Unsicherheit, ein Wagnis, wenn wir vom "Tode Gottes" sprechen. Wir können nur den Tod meinen, den wir Menschen mit dem Kosmos zu erleiden und zu durchleiden haben. Diesen Tod stirbt Gott in aller Härte, in der Tiefe kosmischer Verlassenheit. In solchem "Tode Gottes" aber bleibt die Möglichkeit der Auferstehung, des neuen Lebens, so dass solcher Tod für uns absolutes Mysterium bleibt. Wichtig für uns ist hier im Kirchenjahr, dass Gott unseren Tod in aller Härte und mit allen Konsequenzen erfahren hat.

4   Zu denken ist hier neben dem Werk vieler moderner Philosophen (Sartre) an Zeugnisse der Dichter, so etwa an Zeilen von Hermann Hesse: "Seltsam, im Nebel zu wandern! Leben ist Einsamsein. Kein Mensch kennt den andern. Jeder ist allein."

5   Es gibt gewiss auch eine Glaubenslosigkeit, die aus der Oberflächlichkeit, der Faulheit des Denkens, der Phantasielosigkeit kommt. Viele haben Gott aus ihrem Leben, Denken und Sinnen gestrichen, weil sie glauben, Gott zur Sinnfindung ihres Lebens nicht mehr nötig zu haben. Nach den Forschungen mancher Religionssoziologen leben viele Menschen heute in einem "Schwebezustand zwischen religiöser und nichtreligiöser Existenz". Sie können zu Gott nicht mehr Ja sagen, wollen zu ihm aber auch nicht Nein sagen" (M.N. Ebertz) – sie üben "Stimmenthaltung". Das heißt aber, dass die Gottesfrage ihnen, wenn schon nicht gleichgültig, so doch nicht besonders wichtig ist. Es muss wohl kaum gesagt werden, dass einer der Gründe dafür auch in Mängeln unserer Verkündigung lag und liegt.

6   Vgl. u. a. den Artikel: "Erwachsenen-Religion / Die Zeitschrift 'Psychologie heute' fragt nach Gott", in: Christ in der Gegenwart 22. 01. / 182.

Speisenkorb mit Osterlamm und Ostereiern

ANMERKUNGEN ZU OSTERN

1 Übersetzt von Th. Haecker. Vergil war nicht zuletzt wegen dieses christologisch gedeuteten IV. Gesanges seiner "Hirtenlieder" (Bucolica) bei den Christen hoch geachtet.
   Vgl. zum hier Gesagten auch die Ausführungen zu einer "Adventskrippe der Heiden" in meinem Büchlein: Adventskrippen – ein neuer Brauch, München 2000, S. 65 ff.

2 Ratzinger, a.a.O., 249

3 Zur weiteren Vertiefung der Symbolik vgl. Kirchhoff, Christliches Brauchtum, 111

4 A. Franz, Die kirchlichen Benediktionen im Mittelalter, Freiburg 1909, 1, 508

5 Franz, a.a.O. , 1, 517

6 In einigen Landschaften Deutschlands, nicht zuletzt in Westfalen, besteht bis heute der Brauch, am Abend des ersten Ostertages ein "Osterfeuer" zu entzünden. Gelegentlich wird es durch Gebet und Segen mit dem Fest verbunden. Es sollte jedoch überlegt werden, ob der Brauch eines "Osterfeuers" nicht (ausschließlich) zur Liturgie der Osternacht gehört, wo er im Dienst des Osterkerzenbrauchs steht.
   Sinnvoll ist es dagegen, wenn sich die Gemeinde nach der Feier der Osternachtsliturgie noch einmal am wiederentfachten Osterfeuer versammelt und dort miteinander Ostereier isst. Deren Schalen könnten (nach altem Brauch, wie etwa in der Oberpfalz) in das Osterfeuer geworfen werden, so dass sie mit den Resten des Feuers auf Gärten und Felder gestreut werden könnten. Sinnvoll wäre es jedoch auch, am Osterfeuer Brot und Wein miteinander zu essen und zu trinken.
   Anstelle eines von der Osterliturgie gelösten Osterfeuers wäre es gewiss richtiger, in stärkerer Weise dem Brauch eines PFINGSTFEUERS zum Durchbruch zu verhelfen, da sich ein solches Pfingstfeuer als einziger genuiner Pfingstbrauch erwiesen hat, ein Brauch, der das Fest des Heiligen Geistes, in dem der Auferstandene in der Mitte der Gemeinden bleibt, stärker hervorheben könnte. Pfingsten ist – liturgisch gesehen – ja das am wenigsten beachtete Fest des Kirchenjahres. (Vgl. Kirchhoff, a.a.O., 144 ff.)

7 Lexikon der Symbole, Köln [7]1983 , 157

8 Heinz-Mohr, a.a.O., 158

9 Franz, a.a.O., 1, 521

10 Franz, ebd.

11 Franz, a.a.0. 1, 523

12 Exsultetrollen sind überflüssig geworden, da das Exsultet in deutscher Sprache gesungen wird. Zur Vertiefung der Aussagen aber wäre es sinnvoll, mit Kindern, Jugendlichen solche Rollen zu malen und sie während des Vortrags vom Ambo abzurollen. Vor allem werden auch diejenigen, die solche Rollen erstellen, tiefer in die Theologie des Festes eingeführt.

13 Die oft noch geübte Weihe und das Einfügen der größeren Weihrauchskörner (der heutigen Liturgie als "Kann"-Handlung noch eingefügt) entspringt einem Irrtum: "Incensum" wurde mit "Weihrauch" übersetzt, während nach altem Sprachgebrauch "Kerze" gemeint war.

14 H. Bächtold-Stäubli, Handwörterbuch des deutschen Aberglaubens (zitiert: HDA), Berlin - New York, dtv 1987, Band 1, 217 auf der Grundlage von Alemannia, Zeitschrift für Sprache, Literatur und Volkskunde des Elsaß und des Oberrheins... 10, 155 f.

15 Zur Geschichte des A. D. vgl. vor allem die sehr ausführliche Darstellung bei Franz, a.a.O., 1, 553 ff.

    Die A. D. hatten im Mittelalter große Bedeutung. Man hielt sie für eine der wichtigsten Hilfen etwa gegen Wassernot und Feuersbrunst. Vor allem aber sollten sie gegen alle Angriffe der Dämonen und böser Menschen und Mächte schützen. In den berühmt gewordenen "Hexenprozessen" spielten sie eine große Rolle. Häufig sagen die "Hexen" aus, der Teufel habe bei seinem ersten Besuch verlangt, das am Hals oder sonstwo getragene A. D. fortzunehmen, damit ihm ein Zugang eröffnet werde. Andererseits hängten die Jesuiten solchen "Hexen" wieder ein A. D. um, damit der Kontakt mit dem Teufel unterbrochen werde, vor allem, dass bei der "peinlichen Befragung" die (durch den Teufel bewirkte) Unempfindlichkeit gegen Schmerzen aufgehoben werde. (HDA 1/218)

16 Dabei kann es keinem Pfarrer verwehrt werden, solche Wachsbilder zu segnen.

17 a.a.O., 1, 520

18 Franz, a.a.O., 1, 550

19 Franz, a.a.O., 1, 576

20 Es hat damals die (Un-) Sitte gegeben, zum Fest neben oder unter den Altar Lammfleisch zu legen, das mit besonderen Benediktionen gesegnet wurde.

21 "Antlaßeier und Karfreitagshäut", in : Charivari 4/1988. Meine näheren Nachforschungen in Straubing blieben ergebnislos.

22 Vgl. die Ausführungen zur Theologie und zum Brauchtum des Gründonnerstags!

23 J. und W. Grimm, Deutsches Wörterbuch, dtv 1984, Bd. 13, 1373

24 Nach Veit-Lenhart, Kirche und Volksfrömmigkeit im Zeitalter des Barock, Freiburg 1956, 220, beschenkte man schon im 10. oder 11. Jahrhundert Mönche und Knaben (Buben) mit solchen (ungefärbten) "Oster-" und Antlasseiern.

25 S. Gräfin Schönfeld, Das große Ravensburger Buch der Feste und Bräuche, Ravensburg 1980, 117

26 D. R. Moser, Bräuche und Feste im christlichen Jahreslauf, Graz - Wien - Köln 1993, 217

27 Zu weiterem Brauchtum um das Osterei siehe HDA 6/132 ff. und die dort angegebene Literatur. Siehe auch Franz, a.a.O., 1, 591, P. E. Rattelmüller, Bairisches Brauchtum im Jahreslauf, München 1985, 139 ff u. v. a.

28 Tiroler Brauch im Jahreslauf, 3/1990, 166

29 Ein Zeugnis von 1698 sagt: "Ein gantzes Jahr geschicht den Ayrn nicht so viel Ehre, als eben jetzt zur österlichen Zeit, man verguldets, versilberts, man belegts mit schönen Flecklen, und man macht allerhand Figuren darauff, man marmelirts, man mahlts auch und ziehrts mit schönen erhebten Farben, man kratzets aus …" (Moser, a.a.O., 219)
1672 sagt der Jesuit Georg Stengel, es sei eine "sehr alte Sitte der Katholiken, Ostereier weihen zu lassen" und sie mit "allerlei Bildern und Inschriften zu versehen." Nach ihm werden die "Ostereier" beim Volk einfach "rote Eier" genannt ("Paschalia ova, vulgo plerumque rubra ova vocari"). Dabei wird die früh verwendete rote Farbe als Symbol der Auferstehung (Sonne?) gedeutet (Moser, 219). Stengel gibt in seinem Buch 100 Kupferstiche wieder, welche solche bemalte Eier zeigen. ("Ova Paschalia, Sacro Emblemata … Ingolstadt 1672) Die Bemalung war sehr variabel: Osterfahne, Osterlamm, wunderbare Brotvermehrung, guter Hirt (eine Darstellung, die man oft in der griechischen Kirche findet).

30 Sächsische Volkskunde (Nachdruck der Ausgabe von 1903), Frankfurt a. Main 1981, 482 ff.

31 HDA 6/1332

32 Kirchhoff, a.a.O., 126

33 Düsseldorf 1994. Das Buch hat zwei Anleitungen zum Basteln von Ostervögeln.

34 Es könnte weiteres Osterbrauchtum angeführt werden – das hier behandelte ist wohl das wichtigste. Viele Bräuche, die für Jahrhunderte wichtig waren, sind völlig verschwunden. So finden wir in der frühmittelhochdeutschen Versdichtung "Leben Christi" der ältesten Dichterin deutscher Sprache, der "Frau AVA", die im Donautal (Göttweig?) lebte (gestorben 1127), den Hinweis auf Engel, die in "rotem" und in "weißem" Gewand zum Grab kommen, was sicher auf frühe Osterspiele zurückverweist. Diese früher so beliebten Osterspiele (etwa von den drei Frauen, die zum Grab gehen und es leer finden und denen der Auferstandene erscheint), gibt es nur noch sehr selten – wohl zu recht, wie sich aus dem bisher Gesagten ergibt. Hier haben die Gemeinden durchaus Korrekturfunktionen gegenüber dem Brauchtum wahrgenommen.

35 Moser, a.a.O., 222. Der Hinweis Gräfin Schönfelds auf G. Frank als Autor dieses Textes dürfte ein Irrtum sein.

36 Schönfeld, a.a.O., 121; vgl. HDA 6/1329

37 Moser, a.a. 0., 222

38 So das Lexikon der christlichen Ikonographie (LCI), Sonderausgabe, Freiburg 1968, Band 2 / 222 f.

39 Das LCI – unser Standardwerk – erwähnt eine evtl. Symbolik eines "Osterhasen" mit keinem Wort.

BILDNACHWEIS

Seite 24:   Bayerische Staatsbibliothek, Handschriftenabteilung

Seite 36:   Kirchenführer von St. Michael, Amberg/Opf.

Seite 82:   Aufnahme J. Aumüller, Grafenwöhr-Hütten

Alle übrigen Aufnahmen stammen von Josef Pröls, Pfreimd/Opf., dem der Autor herzlich für seine Mitwirkung dankt.

ZUM AUTOR

Dr. theol. Hermann Kirchhoff wurde am 11.4.1926 in Westfalen geboren. Nach dem zweiten Weltkrieg studierte er Pädagogik und war von 1946 bis 1949 Volksschullehrer in Dortmund. Danach studierte er Katholische Theologie in Paderborn und München. Priesterweihe 1954. Er war zwei Jahre Kaplan in Ostwestfalen, dann Leiter eines christlichen Bildungswerkes in der Diözese Paderborn. 1961 nahm er einen Ruf an die damalige Pädagogische Hochschule Aachen (später TH Aachen) an, wo er bis 1988 als Dozent und Professor tätig war. Seit seiner Entpflichtung an der Hochschule ist er Seelsorger der Doppelgemeinde Steinfels-Hütten in der Nähe von Weiden/ Oberpfalz. Seine zahlreichen Buchveröffentlichungen stehen im Dienst des Wortes und der Sprache ("Der Katechet und das Wort", "Grundgebete der Kirche"), der Symbolik der Heiligen Schrift und der irdischen Wirklichkeit ("Ursymbole", "Urbilder des Glaubens") und der Erforschung des "Christlichen Brauchtums", dem er als der "Liturgie des Volksglaubens" besondere Beachtung schenkt.

NACHBEMERKUNG

Der bekannte Kardinal Suenens hat in einem seiner Bücher gesagt: "Um an die Sonne zu glauben, ist es nicht notwendig, rund um die Welt zu fahren, um ihre Bewegung des Lichtes und der Wärme zu erkennen. Es genügt, sich einfach vor Ort, dort, wo man gerade ist, ihr auszusetzen. Denn wenn ich einmal einen Sonnenstrahl mitten ins Gesicht bekommen habe, bin ich gezwungen, an die Sonne zu glauben … Ich glaube an die Sonne Gottes …"

Hoffentlich kann mein Büchlein dazu beitragen, dass wir zur österlichen Theologie und zum österlichen Brauch so hingeführt werden, dass uns ein "Strahl des Lichtes des Gekreuzigten und des Auferstandenen" trifft.